CERCLE DE L'UNION ARTISTIQUE

La Revue Rétrospective

EN TROIS ACTES ET SIX TABLEAUX

PRÉCÉDÉE D'UN PROLOGUE

PAR

Le Marquis Philippe de MASSA

Vice-Président du Cercle

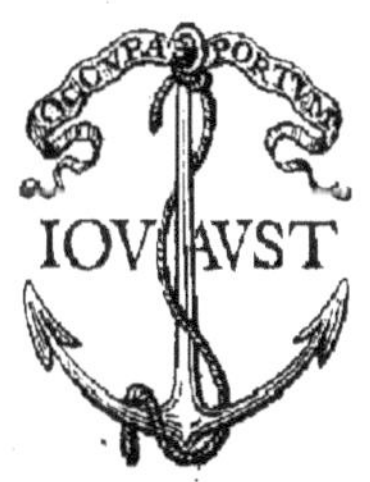

PARIS

LIBRAIRIE LÉOPOLD CERF

12, rue Sainte-Anne, 12

M DCCC XCIX

LA

REVUE RÉTROSPECTIVE

REPRÉSENTÉE A PARIS

SUR LE THÉATRE DU CERCLE DE L'UNION ARTISTIQUE

les 11 et 12 juin 1899

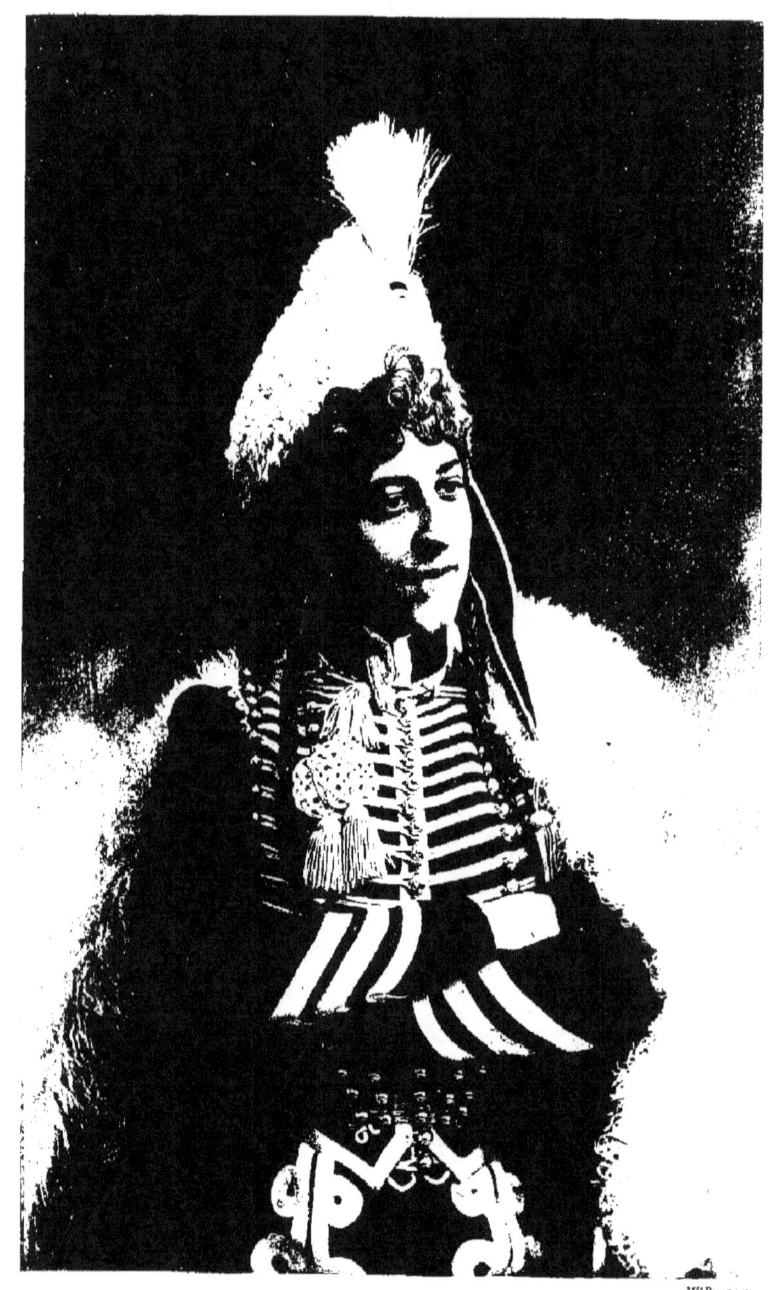

Mˡˡᵉ ZAMBELLI
Cantinière en chef des Hussards
de la Garde Consulaire

LA
REVUE RÉTROSPECTIVE

EN TROIS ACTES ET SIX TABLEAUX

PRÉCÉDÉE D'UN PROLOGUE

PAR

Le Marquis Philippe de MASSA
Vice-Président du Cercle

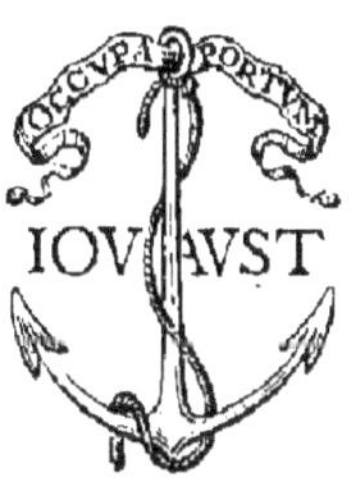

PARIS

LIBRAIRIE LÉOPOLD CERF

12, rue Sainte-Anne, 12

M DCCC XCIX

DISTRIBUTION DE LA PIÈCE

Méphista, la Commère . . . . Mᵐᵉ SIMON-GIRARD.
Sæculum, le Compère . . . . M. HUGUENET[1].

Madame Bonaparte	Mˡˡᵉ WANDA DE BONCZA.
Mademoiselle Rachel	
Calliope	Mˡˡᵉ Marie LECONTE.
Colinette	
Madame Saqui	Mˡˡᵉ MILY-MEYER.
Mademoiselle Lenormand	
Mademoiselle Déjazet	
Madame Tallien	Mˡˡᵉ Jane DEMARSY.
Hélène de la Seiglière	
Babet	Mˡˡᵉ Camille MÉDAL.
Madame Récamier	
Madame de la Valette	
Un Camelot	Mˡˡᵉ Marguerite LAVIGNE.
Une Fleuriste	
Un Groom d'atelier	
Une Servante de café	Mˡˡᵉ Andrée MARCHAND.
Madame de Girardin	Mˡˡᵉ L. BEAUVAIS.
George Sand	Mˡˡᵉ Ch. IXART.

DANSES
réglées par M. HANSEN, maître de ballet à l'Opéra.

AU PREMIER ACTE

Retraite et Ballet.

La première Vivandière . . . . Mˡˡᵉ Carlotta ZAMBELLI.
Le Tambour-major . . . . Mˡˡᵉ Clotilde PIODI.

Hussards :	Vivandières :
Mˡˡᵉˢ L. BEAUVAIS.	Mˡˡᵉˢ G. COUAT.
Ch. IXART.	I. MOURET.
C. BOOS.	A. MEUNIER.
SOUBRIER.	V. HUGON.
L. PIRON.	L. COUAT.
BOUISSAVIN.	GILLET.

1. En remplacement de M. Henri Borel, Membre du Cercle, empêché à la dernière heure.

AU TROISIÈME ACTE

Boléro et Cachucha.

Fanny Essler	Mlle C. ZAMBELLI.
Thérèse Essler	Mlle C. PIODI.

—

Le vieux Marcheur	MM. René PETIT LE ROY.	
Le marquis de la Seiglière		
Premier Officier (aux 1er et 2e actes. . .	Joseph GAILLARD.	
Tamburini		
Premier Consommateur.	R. DENISANE.	
Un Musicien de la Garde consulaire . .		
Un Capitaine de la Garde nationale. . .		
Le général Bonaparte.	L.-H. LAMBERT.	
Deuxième Consommateur.	Vicomte DE SAPORTA.	
Troisième Consommateur.	Roger NIVIÈRE.	Membres du Cercle.
Alphonse Karr		
Deuxième Officier.	M. BUCQUET.	
Un Garde national		
Un Aide de camp.	M. TARDIF.	
Premier Factionnaire.	P. NAUDOT.	
Alfred de Musset		
Deuxième Factionnaire.	André HART.	
Un Garde national		
Premier Tambour.	L. DE MENDEVILLE.	
Un Garde national		
Deuxième Tambour.	Eugène CARTIER.	
Un Garde national		
Musiciens de la Garde consulaire, Gardes nationaux et Bisets.	A. D'ANDREZEL. Pierre CARTIER. Roger HART. F. DE SAUVAGE.	

REVUE RÉTROSPECTIVE

PROLOGUE

Un intérieur. Porte à droite, et porte au fond sur laquelle on lit :
Liquidation pour fin de bail. 1800-1899.

SCÈNE PREMIÈRE

BABET, entrant par la porte du fond.

Mesdames et Messieurs, de grâce, point de bruit.
Un moribond est là, tout près, dans cette chambre
Et bien que ne devant trépasser qu'en décembre,
Il croit déjà languir dans l'éternelle nuit.
Mais tant que n'aura pas sonné l'heure suprême,
Ce moribond sera le siècle dix-neuvième
Ou dix-neuvième siècle ainsi qu'il vous plaira,
Et tel que, dans l'histoire, on le dénommera
Ah! l'histoire, voilà, voilà ce qu'il redoute,
Et l'histoire de France encore plus que toute :
— Babet, me disait-il hier avec effroi,
Quel jugement crois-tu qu'elle porte sur moi?

Crois-tu bien que Larousse en son dictionnaire
Pour mes nombreux méfaits se montre débonnaire?
Ceux que je crains le plus, ce sont les plus récents
Accomplis dans le cours des derniers de mes ans.
— Lesquels, Monsieur?

                — D'avoir, sans crier gare,
Bousculé tout Paris au profit d'une gare?
D'avoir masqué la Seine en ses plus beaux endroits
Par les pylones du pont Alexandre trois?
Me pardonnera-t-on le manque d'eau de source?
La grève des facteurs? L'agio de la Bourse?
Et tant d'autres sujets dont il a grand souci
Le pauvre moribond! Du reste, le voici...

Sæculum entre.

SCÈNE II

BABET, SÆCULUM, un feuillet à la main, venant de droite.

SÆCULUM.

Air des « Feuilles mortes ».

Mes jours sont condamnés, je vais quitter la terre
Et rejoindre là-haut mes grands hommes d'État
Renversés tour à tour par le flot populaire :
Talleyrand, Richelieu, Thiers, Guizot, Gambetta.
Et si mes successeurs, des jeux parlementaires
Ne sont pas excédés de supporter la loi,
Quand ils voudront tomber, tomber des ministères
Les députés futurs s'inspireront de moi.

BABET.

Bravo !

SÆCULUM.

Tu m'applaudis, Babet ?

BABET.

Des deux mains, monsieur Speculum.

SÆCULUM.

Sæculum, mon enfant. Undevicesimum Sæculum ; en français, dix-neuvième siècle.

BABET, avec admiration.

Êtes-vous assez savant ! Gageons que vous avez
encore passé la matinée à écrire vos Mémoires ?

SÆCULUM.

Non seulement mes Mémoires, mais encore mon
testament, que voici, Babet.

BABET.

Voyons cela.

SÆCULUM.

Oh ! mon Dieu c'est bien simple : « Je soussigné,
» etc., etc., donne et lègue à mon héritier naturel
» et direct le vingtième siècle, tout ce que je
» possède en France... »

BABET.

Combien ?

SÆCULUM.

« Plus de quarante milliards... de dettes, re-
» présentées par les emprunts successifs que j'ai
» contractés au cours de ma carrière et principa-

» lement sous le dernier gouvernement. » Un point, c’est tout.

BABET.

Le voilà bien loti, votre héritier direct. Mais moi...

SÆCULUM.

Quoi, toi ?

BABET, s’approchant de Sæculum, très câline.

Moi, votre bonne à tout faire...

SÆCULUM.

Tu veux que je te couche aussi sur mon testament ?

BABET.

Là ou ailleurs ! Il me semble que je vous ai donné assez de gages de ma bonne volonté.

SÆCULUM.

Soit ! Mais après le legs dont tu viens d’entendre la lecture, je t’engage fortement à ne rien accepter de moi que sous bénéfice d’inventaire.

BABET.

En France... mais à l’étranger...

SÆCULUM.

Tu sais donc que j’y ai placé quelques fonds ?

BABET.

Quelques fonds, la forte somme que vous avez émargée dans toutes les affaires véreuses de ces derniers temps ?

SÆCULUM, à part.

Je suis pris. (Haut.) C’est bon, il est inutile de

crier cela sur les toits. (S'asseyant pour écrire). A quel prix ton silence ?

BABET.

Trente mille francs de rentes viagères.

SÆCULUM.

Trente mille, c'est raide.

BABET.

Allons donc, c'est donné. D'ailleurs inutile de chipoter, ça ne servirait de rien.

SÆCULUM.

Du moment qu'il n'y a pas moyen de faire autrement, va pour le codicille.

BABET.

Un instant. ...

SÆCULUM.

Quoi encore ?

BABET.

Ajoutez : incessibles et insaisissables.

SÆCULUM.

Mazette ! Quelle prévoyance. Tu te méfies de tes faiblesses à venir ! (Il signe.) Voilà. Je pense qu'à présent, tu dormiras tranquille.

BABET.

Tranquille, à moins que vous n'exigiez le contraire, vieux mauvais sujet. (Coup de sonnette.) Voilà qu'on sonne.

SÆCULUM.

Encore quelque éditeur, qui vient pour m'acheter mes Mémoires.

BABET.

Parce qu'il espère qu'ils feront du *pétard*, la fin surtout ! Faudra-t-il le recevoir ?

SÆCULUM.

Inutile. Je me suis arrangé avec Adrien Hébrard. Le siècle ne pouvait traiter qu'avec *Le Temps*. Et pour la forte somme.

BABET.

Encore de la *galette !* (A part.) Je crois que j'ai eu tort de ne pas le faire *casquer* davantage. (Elle sort.)

SCÈNE III

SÆCULUM, seul.

En somme à quoi cela sert-il d'écrire ses Mémoires, sinon à se gober soi-même au détriment des autres, qui vous traitent de fumiste ? Ce n'est vraiment pas la peine de se mettre tant en frais...

SCÈNE IV

SÆCULUM, BABET.

BABET.

Monsieur, il y a là un très vieux mendiant qui demande la charité. Il affirme qu'il arrive du bout du monde et qu'il n'a pas de quoi y retourner.

SÆCULUM.

C'est bon, donne-lui un sou.

BABET.

Il dit que ce n'est pas assez et qu'il lui en faut cinq.

SÆCULUM.

Cinq sous ? (Chantonnant.) « Cinq sous, cinq sous pour monter notre ménage. » C'est un air que j'ai entendu chanter dans la Grâce de Dieu. Eh bien qu'il entre aussi, à la grâce de Dieu...

BABET.

Entrez, très vieux mendiant.

SCÈNE V

SÆCULUM, BABET, LE VIEUX MARCHEUR

LE VIEUX MARCHEUR.

AIR CONNU.

Cinq sous (*bis*)
Pour poursuivre mon voyage.
Cinq sous (*bis*)
Me les refuserez-vous ?

SÆCULUM.

Il a l'air encore joliment ingambe ! Quel âge avez-vous donc, mon brave homme ?

LE VIEUX MARCHEUR.

Un peu plus de 1900 ans, mon bon monsieur.

BABET, *offrant une chaise.*

Dix-neuf cents ans ! Donnez-vous-donc la peine de vous asseoir.

LE VIEUX MARCHEUR.

Inutile, mademoiselle, je n'ai le droit ni de me reposer, ni de m'arrêter, ni même de mourir en chemin. Telle est la feuille de route qui m'a été donnée pour *jouer des ciseaux* d'un pôle à l'autre, et vice versa.

SÆCULUM.

Jouer des ciseaux, j'ignorais cette expression.

BABET.

Mais si, voyons, dans l'infanterie...

Air : « Marchons légèrement ».

Ça se dit dans l'état militaire
Surtout dans les chasseurs à pied
   Où le pas extraordinaire
   Ouvre un compas multiplié.

LE VIEUX MARCHEUR.

Mais moi, c'est une autre affaire
   Et c'est par châtiment
   Que j'arpente la terre
   Perpétuellement.....

SÆCULUM.

Alors, attendez donc. Il me semble que j'ai déjà entendu parler de vous...

LE VIEUX MARCHEUR.

Le contraire m'étonnerait.

BABET.

Dans un roman d'Eugène Suë.

LE VIEUX MARCHEUR.

Vous êtes sur la voie...

SÆCULUM.

Rappelez-moi donc votre petit nom...

LE VIEUX MARCHEUR.

Ahsavérus.

SÆCULUM.

Autrement dit : le Juif errant. J'y suis, c'est vous le vieux Marcheur...

BABET.

Et allez donc, *c'est pas mon père !*...

LE VIEUX MARCHEUR.

Vous dites ?

SÆCULUM.

Elle a dit : et allez donc, *c'est pas mon père !*...

LE VIEUX MARCHEUR.

Qu'est-ce que ça veut dire ?

BABET.

On n'a jamais pu savoir, mais tout le monde se tord.

LE VIEUX MARCHEUR.

J'en profiterai pour égayer ma route : toutes les fois que je rencontrerai un cantonnier je lui dirai : — Et allez donc, c'est pas mon père. Est-ce bien comme ça ?

BABET.

Parfaitement, vous verrez comme ils se tordront.

LE VIEUX MARCHEUR.

Et moi donc !

SÆCULUM.

Vous êtes gai, vous, pour un condamné à circuler à perpétuité.

LE VIEUX MARCHEUR.

Et pourtant vous ne vous figurez pas ce que c'est bassinant à la longue. Si encore on me tolérait une bicyclette.

SÆCULUM.

Pourquoi ne demandez-vous pas à aller en appel ?

LE VIEUX MARCHEUR.

Ça ne servirait à rien. Supposez un nouveau déluge ? Noé n'aurait même pas le droit de m'embarquer avec le moindre couple d'animaux.

SÆCULUM.

Et il aurait peut-être l'ironie de vous crier : En avant *Arche !*

LE VIEUX MARCHEUR.

Tiens vous êtes rigolo, vous aussi.

SÆCULUM.

Il y a des fois... Mais différemment, quel vent vous amène ici ?

LE VIEUX MARCHEUR.

Je passe, comme tous les cent ans, au dernier millésime de chaque siècle.

BABET, à Sæculum.

Pour réclamer ses cinq sous.

SÆCULUM.

Tenez, mon garçon, voilà une pièce de cinquante centimes.

LE VIEUX MARCHEUR.

Tant de générosité vous honore. Mais je n'ai le droit d'en accepter que la moitié. Il m'est interdit de jamais posséder davantage.

BABET.

Ça doit bien vous gêner pour votre commerce.

LE VIEUX MARCHEUR.

Je vous crois. Mais ceux qui m'ont condamné savaient bien ce qu'ils faisaient. Ils ont tout de suite calculé que si j'avais le droit de les placer à intérêts composés, cinq sous, au bout de 1900 ans, me rendraient assez riche pour acheter en bloc...

SÆCULUM.

Toutes les jolies petites bonnes comme la mienne. Comment la trouvez-vous, vieux Marcheur?

LE VIEUX MARCHEUR.

D'une beauté pyra*médale.*

BABET, à part.

C'est tout à fait un homme du monde.

SÆCULUM.

Oui, j'ai eu la main assez heureuse.

LE VIEUX MARCHEUR, gaîment.

Vous appelez ça la main?

SÆCULUM.

Pas un mot de plus, vieux Marcheur. Vous deviendriez pornographique. Tenez, voilà vos cinq sous, et bon voyage. Surtout, prenez bien garde aux automobiles.

LE VIEUX MARCHEUR.

Ah ! Dieu, si seulement l'un d'eux...

BABET.

L'une d'elles, vieux Marcheur. L'Académie a décidé que ce véhicule était du sexe féminin.

LE VIEUX MARCHEUR.

Soit ! Si seulement l'une d'elles pouvait m'écraser pour tout de bon, je ne serais plus obligé de *jouer des ciseaux* en chantant :

> Cinq sous *(bis)*
> Pour poursuivre mon voyage
> Cinq sous *(bis)*
> Me les refuserez-vous !

Il sort suivi de Babet.

SCÈNE VI

SÆCULUM, seul.

Ce que c'est que de nous. En voilà un qui donnerait tout au monde pour finir, et moi, tout pour recommencer. Quel beau rêve ! Oublier mon crépuscule caduc pour revenir à ma brillante aurore, et laissant de côté le reste de l'univers dont je me soucie comme d'une pomme, revoir Paris tel qu'il était quand j'étais *gosse*, sans tour Eiffel, ni tramways ; y revivre à l'époque où l'honneur primait encore l'argent, où l'amour n'était pas détrôné par le sport, et où madame Saqui, sur la corde raide, aurait damé le pion à Yvette Guilbert sur la corde funèbre. Ah ! Dieu ! recommencer mes premières années comme le docteur Faust, et puis après, que le diable m'emporte où et quand il lui plaira. M'as-tu entendu, Satan ?

MÉPHISTA, apparaissant par la trappe.

Pas lui, mais moi !

SCÈNE VII

SÆCULUM, MÉPHISTA.

SÆCULUM.

Tiens ! il paraît que le diable c'est une femme.
Au fond, je m'en étais toujours douté.

MÉPHISTA.

Est-ce une raison pour me crier : Vade retro !

SÆCULUM.

Au contraire, Satana, sois la bienvenue et vas-y
du rondeau ordinaire en pareil cas.

MÉPHISTA.

Oui, mais approprié à mon sexe, car...

Air : « Je suis Méphisto ».

Je suis Méphista, diablesse nouvelle,
Moderne produit du dernier *bateau*
Mais bien plus accorte et moins solennelle
Que le réaliste et vieux Méphisto.
L'odeur du roussi n'est pas mon affaire
Témoin le parfum qu'exhale mon gant ;
Tiens sens...

SÆCULUM.

C'est exquis et ma lèvre y flaire
L'extrait appelé : Royal-Houbigant,

MÉPHISTA, *découvrant ses pieds.*

As-tu vu jamais à la devanture
Des souliers de bals qui soient plus menus...

SÆCULUM.

Tandis que le diable avec sa pointure
Dormirait debout sur ses pieds fourchus !

MÉPHISTA.

Et cet éventail de fine dentelle
Dont mon bras mignon active le jeu...

SÆCULUM.

Est plus gracieux, pour sûr, que la pelle
Avec quoi Satan active le feu

MÉPHISTA.

Ne vaut-il pas mieux d'une couturière
Porter ce costume ultra féminin?...

SÆCULUM.

Qui pudiquement exclut par derrière
Ce qu'a Méphisto d'ultra masculin.

MÉPHISTA.

Bref, quand le seigneur par l'ange rebelle
Fut sur la montagne un jour éprouvé,
S'il se fût agi d'un démon femelle,
On ne sait ce qui serait arrivé !
Enfin pour prouver jusqu'où va l'empire
Qu'ont sur les humains mes yeux tentateurs,
Je n'ai qu'à laisser tomber un sourire...

SÆCULUM.

Pour faire damner tous les spectateurs !

MÉPHISTA.

Pour faire damner tous les spectateurs.
Telle est Méphista, diablesse nouvelle,
Moderne produit du dernier *bateau,*
Mais bien plus accorte et moins solennelle
Que le réaliste et vieux Méphisto !

SÆCULUM.

Le fait est qu'il commençait à devenir diablement
globe de pendule, l'ancien Méphisto.

MÉPHISTA.

Et moi ?

SÆCULUM.

Toi ! tu es le dernier cri. Tout ce qu'il y a de
plus capiteux, de plus bouchon qui saute, de plus
mousse qui déborde, de plus ohé ! ohé !

MÉPHISTA.

Peste! quel enthousiasme !

SÆCULUM.

Ce n'est pas de l'enthousiasme. C'est une révolution.

AIR : « Froufrou ».

Sans hésiter, je te le dis,
Auprès de toi l'on sent bien vite
Que l'enfer c'est le paradis
Auquel Mahomet nous invite.
Car moi déjà presque mourant
Rien qu'en effleurant ta personne,
Je me redresse et je frissonne
Sous ton magnétique courant,
Frou-frou, l'étincelle m'enflamme
Frou-frou, jusques au fond de l'âme
Frou-frou, tant l'invisible flamme
Me court partout
En me faisant froufrou.

MÉPHISTA.

Puisque tu me gobes à ce point, je ferai donc quelque chose pour toi. Ce rajeunissement de tes premières années, je te l'accorderai pour quelques heures et moi-même je t'appartiens jusqu'à minuit.

SÆCULUM.

J'aimerais mieux après.

MÉPHISTA.

C'est à prendre ou à laisser.

SÆCULUM.

Je prends.

MÉPHISTA.

Alors c'est dit. Dans ton passé, nous piquerons
les meilleurs morceaux au hasard de la fourchette,
mais à minuit sonnant, où qu'on en soit du scéna-
rio, le prodige s'évanouira. Cette revue...

SÆCULUM.

La revue rétrospective...

MÉPHISTA.

Oui, cette revue, je me charge de la monter.

SÆCULUM.

Où ?

MÉPHISTA.

Au cercle de l'Union artistique dont les membres
ne craignent pas ce genre de représentations.

SÆCULUM.

Excepté les joueurs de baccara qu'il va falloir
expulser de la salle de théâtre.

MÉPHISTA.

Les joueurs de baccara, allons donc !

AIR : « Allez-vous-en gens de la noce ».

Prenant mon air le plus aimable
Pour plaire à ces habitués
Je leur dirai d'un ton affable
En termes bien accentués :
— Si l'espace en ce lieu vous manque
Que nul n'en soit inquiété
   Et de très bonne volonté
Allez-vous-en tailler la banque
   Dans la succursale à côté !...

MÉPHISTA.

Il est vrai qu'il y aura encore les joueurs de bridge à exproprier.

SÆCULUM.

J'en fais mon affaire. La plupart ont exercé le noble métier des armes et pour qu'ils cèdent la place aux dames, il suffira de leur rappeler que noblesse *obridge*.

MÉPHISTA.

Bravo, compère, en ce cas, en route pour l'É-patant.

SÆCULUM.

Par où ?

MÉPHISTA.

Par le chemin où je suis venue.

SÆCULUM.

Par les enfers ?

MÉPHISTA.

Mais non, par le métropolitain...

SÆCULUM.

Par ce terrier à lapins ?

MÉPHISTA.

Sans doute. Il y a déjà une jouette qui aboutit à l'avenue Gabriel, devant la petite porte du cercle.

SÆCULUM.

Bon, mais le reste du réseau ?

MÉPHISTA.

Ah ! le reste. C'est une autre question...

Air de « Pingui, Pingo ».

Sera-t-il prêt pour l'an prochain
Le métro, le poli, le po, le li, le métropolitain ?
Du Bois de Boulogne à Pantin
On le dit beaucoup, mais rien n'est moins certain.

SÆCULUM.

Ce qu'a coûté de pots de vin
Le métro, le poli, le po, le li, le métropolitain,
L'estimer serait enfantin,
Personne ici-bas n'en saura jamais rien.

MÉPHISTA.

S'ils votèrent avec entrain
Le métro, le poli, le po, le li, le métropolitain,
Les édiles, c'était afin
Eux et leurs amis d'y voyager pour rien.

SÆCULUM.

Grâce à son trajet clandestin
Le métro, le poli, le po, le li, le métropolitain,
Propice à Cartouche, à Mandrin,
Entendra souvent crier à l'assassin !

MÉPHISTA.

Mais en revanche dans le train
Du métro, du poli, du po, du li, du métropolitain,
Les amants la main dans la main
Pourront s'embrasser tout le long du chemin.

SÆCULUM, très galant.

Prenons donc ensemble soudain
Le métro, le poli, le po, le li, le métropolitain,
Et que dans neuf mois, un matin,
L'enfer ait de plus un petit diablotin.

3

MÉPHISTA.

Veux-tu bien te taire, vieux débauché, tu n'as pas honte, à ton âge?

SÆCULUM.

Mais non, il y a encore des fois...

MÉPHISTA.

Allons assez. Bas les pattes et gare à la descente... y sommes-nous?

SÆCULUM.

Enlevé, c'est pesé.

MÉPHISTA.

Pi-ouitt!

Ils disparaissent.

RIDEAU.

ACTE PREMIER

Au fond, le Palais en façade. — A droite et à gauche, bosquets. —
A droite, tables d'un café-kiosque devant lesquelles sont assis des
consommateurs, civils et militaires. Les militaires sont des officiers.
A une table, un consommateur seul. Des promeneurs circulent au
second plan. — A gauche, une terrasse dominant la scène.

Chœur général.

Air de « La Clé ».

La paix,
La paix,
Vive la paix
Après la gloire
Et la victoire !
La paix,
La paix,
Vive la paix
Dont nous goûtons tous les bienfaits !

Premier Consommateur, le verre à la main, s'adressant aux
officiers.

Oui, citoyens officiers, à la paix ! à la paix cimentée par les glorieux traités de Lunéville et d'Amiens.

PREMIER OFFICIER.

Soit, à la paix ! Mais à la condition qu'elle ne dure pas trop longtemps. Passer des revues, comme celle que nous allons passer ici tout à l'heure, pour fêter le Consulat à vie, c'est bien ; mais en passer dans les capitales après la victoire, c'est mieux. N'est-ce pas, camarade ?

DEUXIÈME OFFICIER.

Sans doute. Pas de victoires, pas de batailles. Pas de batailles, pas de casse...

PREMIER OFFICIER.

Et pas de casse, pas d'avancement.

PREMIER CONSOMMATEUR.

Chacun parle à son point de vue. En attendant, à la santé du Premier Consul, et que Dieu lui prête longue vie pour le bonheur et la prospérité de la France !

TOUS.

Oui, oui, vive le Premier Consul !

PREMIER OFFICIER, au Consommateur seul.

Vous ne trinquez pas avec nous, citoyen ?

LE CONSOMMATEUR SEUL.

Trinquer ? Pour boire à la santé de qui ?

DEUXIÈME OFFICIER.

Vous n'avez donc pas entendu ? A la santé du Premier Consul !

LE CONSOMMATEUR SEUL.

Premier Consul ? Connais pas.

PREMIER OFFICIER.

Vous ne connaissez pas le général Bonaparte ?

LE CONSOMMATEUR SEUL.

Non. Le général Bonaparte est mort.

TOUS.

Mort ?

DEUXIÈME OFFICIER.

Mort depuis quand ?

LE CONSOMMATEUR SEUL.

Depuis le 18 brumaire. Rebelle à la patrie et aux lois, moralement fusillé aux yeux de l'Histoire, l'auteur de ce crime a cessé d'exister pour elle et pour moi.

PREMIER OFFICIER.

Alors son génie militaire, ses victoires, ça ne compte pas ?... Pas même Marengo ?

LE CONSOMMATEUR SEUL.

Marengo ? Ah ! oui, je vous engage à en parler de cette victoire-là !

PREMIER OFFICIER

J'en ai bien le droit puisque j'y étais.

DEUXIÈME OFFICIER.

Moi aussi.

LE CONSOMMATEUR SEUL.

Moi pas. Mais peu importe. Vous avez bien dû

3.

voir qu'il a commis faute sur faute et que c'est
Mélas qui devait cent fois gagner la bataille.

Deuxième Officier.

Vous le regrettez ?

Le Consommateur seul.

Amèrement. Mélas vainqueur, nous ne subirions
pas la dictature actuelle et peut-être pis encore.

Premier Officier.

Pitt et Cobourg ! Vous n'êtes donc pas Français
pour penser ainsi ?

Le Consommateur seul, se levant.

Pas Français ? Voici, ma carte.

Premier Officier, lisant.

« Pierre Larousse, futur auteur du *Grand Dictionnaire universel.* »

Deuxième Officier.

Si c'est comme ça que vous écrirez l'Histoire !...

Le Consommateur seul.

Dites la Justice. Vous n'êtes pas encore en état
de me comprendre... Mais ça viendra plus tard,
après la publication de mes quinze volumes et de
leurs deux suppléments. — Citoyenne !

Une Servante.

Voilà, voilà !

Le Consommateur seul.

Tiens, la fille. Voilà pour payer ma consom-
mation.

LA SERVANTE.

Des assignats? Il y a beau temps que ça ne passe
plus!

LE CONSOMMATEUR SEUL.

Encore un retour à l'ancien régime. Le papier
de la Révolution n'a déjà plus cours. Il leur faut
des pièces d'or à l'effigie d'un tyran. Tiens, esclave,
en voici une et garde le reste pour boire à la santé
de Robespierre, un vrai libéral, celui-là. (Il s'éloigne
en chantant un refrain révolutionnaire et sort.)

PREMIER OFFICIER.

Robespierre un libéral! Après celle-là, il faut
tirer l'échelle...

PREMIER CONSOMMATEUR.

Et nous réjouir d'en être débarrassés.

AIR PRÉCÉDENT.

La paix !
La paix !
Après la gloire
Et la victoire

TOUS.

La paix !
La paix
Vive la paix !
Et goûtons-en tous les bienfaits !

SCÈNE II

LES MÊMES, MADAME SAQUI.

Air du piston, à la parade du ballet « L'Étoile ». Applaudissements dans la coulisse ; nombreux cris : « Bravo! Bravo! »

PREMIER CONSOMMATEUR, se levant.

Quel enthousiasme!

DEUXIÈME CONSOMMATEUR.

A qui donc, sinon au Premier Consul lui-même, peut s'adresser une pareille ovation?

PREMIER OFFICIER, regardant à la cantonade.

Attendez donc. Mais oui, je la reconnais : c'est mademoiselle Lalanne, dite madame Saqui, la célèbre acrobate que l'Europe nous envie.

Les cris redoublent, et Mme Saqui entre en scène. Elle est vêtue d'une jupe pourpre et or, chaussée de brodequins d'or et porte sur la tête une couronne de lauriers. Au moment où elle entre, reprise de la grosse caisse.

Mme SAQUI, parlant à la cantonade.

Merci, citoyens. Vos bravos sont ma plus douce récompense.

Air de « La Retraite des Turcos ».

Quand je gravis les tours de Notre-Dame
Le peuple qui m'acclame
Chante, enivré,
Cet air prématuré :

Ce chic exquis
Par l'acrobate acquis
Il appartient à qui :
A qui, à qui ?
A madame Saqui !

TOUS.

Ce chic exquis
Par l'acrobate acquis
Il appartient à qui ?
A qui, à qui ?
A madame Saqui !

Mme SAQUI.

Merci de votre sympathie, citoyens officiers.

PREMIER OFFICIER.

Elle est bien naturelle. N'êtes-vous pas pour nous l'image de la Victoire, quand vous vous élevez triomphalement dans les airs, du Pont-Neuf jusqu'au sommet de Notre-Dame... Qui donc aurait assez de courage pour essayer de faire comme vous...

Mme SAQUI.

Il est vrai que, comme acrobate, on peut dire que c'est moi qui tiens la *corde.*

DEUXIÈME CONSOMMATEUR.

Le *record,* comme on dira plus tard.

Mme SAQUI.

Mais aussi, quel enivrement de planer ainsi, bravant le péril, aux yeux d'une ville entière dont tous les cœurs palpitent d'effroi...

Premier Consommateur.

Rien que d'y penser, j'en ai la chair de poule. .

Premier Officier.

Moi aussi.

Deuxième Consommateur.

Moi aussi.

Mme Saqui.

Moi pas, je vous assure.

Air de « Pompier de Gonesse ».

Debout sur la corde raide,
Grâce à mes jarrets d'acier
C'est à peine si je m'aide
Plus ou moins du balancier.

Un premier élan me porte
Jusqu'au faîte des maisons
D'où j'aperçois de la sorte
Les plus vastes horizons.

Réciproquement je stoppe
Et m'assieds sur mon séant
Pour offrir au télescope
Des contours pleins d'agrément.

— Tiens, regarde donc, dit l'une,
Ce disque bien arrondi.
— Oui, dit l'autre, c'est la lune
Qui se montre en plein midi.

— Non, c'est un cadran solaire,
Dit l'autre, — mais incomplet
Sans l'aiguille nécessaire
Pour marquer quelle heure il est.

Puis d'un coup de rein solide
Je reprends mon balancier
Et ma course dans le vide
Sans de lui me soucier.

Enfin, selon le programme,
Au bout du câble grinçant
Sur les tours de Notre-Dame
Je pose un pied triomphant.

Du haut de ce belvédère
Dominant tous les partis,
Dieu ! quand on les considère,
Que les hommes sont petits !

Mais pour répondre à l'attente,
Sans plus me faire prier
Je procède à la descente
En lâchant mon balancier.

La morale qui dérive
De ma popularité
C'est comme, en France, on arrive
A tout par l'agilité.

Et vu l'art que je possède
Que de ministres, ma foi,
Voudraient sur la corde raide
Danser aussi bien que moi

Je ne dis pas ça pour les ministres d'à présent,
mais pour ceux de l'avenir... Du haut des tours
de Notre-Dame, on voit les choses de loin... Mais,
pardon, j'oubliais que j'ai ce matin une audience
aux Tuileries.

PREMIER CONSOMMATEUR.

Vous avez de la chance !

Mme SAQUI.

C'est pour remercier le Premier Consul du brevet qu'il m'a signé ce matin : « Première acrobate de France. »

DEUXIÈME CONSOMMATEUR.

Ce n'est pas le brevet de tout le monde.

PREMIER OFFICIER.

On ne le donnerait pas à des sots

Mme SAQUI.

A moins que ce ne soit à des *sauts périlleux.*

Tambours et clairons dans la coulisse : sonnerie de « l'Assemblée ».

PREMIER OFFICIER.

Camarades, on sonne l'assemblée pour la revue. Sans adieu, citoyenne.

Reprise de l'air de « la Retraite ».

TOUS.

Ce chic exquis
Par l'acrobate acquis
Il appartient à qui ?
A qui, à qui ?
A madame Saqui !

Mme Saqui sort d'un côté, les officiers de l'autre. Quelques personnes continuent à passer et à repasser dans le fond. Le troisième consommateur se rassied à une table et lit son journal.

SCÈNE III

SÆCULUM, dorénavant le Compère ; MÉPHISTA, dorénavant la Commère.

Le Compère est rajeuni et vêtu à la mode de 1802. La Commère s'est métamorphosée à ladite mode, mais avec un costume qui rappelle son rôle de diablesse.

La Commère.

Eh bien, Sæculum, ai-je tenu ma parole ?

Le Compère.

Tu l'as tenue, Méphista. Nous voilà transformés en compère et commère de revue, coulés dans le vieux moule.

La Commère.

Presque des *gagas*. Mais n'importe, allons-y quand même. La scène est au 15 août 1802. Rigoureusement, tu devrais être encore en lisières, mais un anachronisme de plus ou de moins...

Le Compère.

Ça n'a pas d'importance. D'ailleurs j'ai toujours passé pour un nouveau-né très précoce.

La Commère.

Regarde autour de toi ; te reconnais-tu ?

Le Compère.

Laisse-moi, un peu m'orienter. Des quinconces... des lycéens qui jouent au ballon au sein des bosquets, des militaires qui se promènent au *sein* des nourrices…

LA COMMÈRE.

Ça, c'est de tous les siècles…

Air : « Ça vous fait toujours quelque chose ».

Si Lenôtre a fait ces jardins
Auxquels il doit sa renommée,
C'est au profit des fantassins
Car il aimait beaucoup l'armée.
C'est pour que le soldat Polin
Type français que chacun prise,
Hier, aujourd'hui comme demain
Y caresse en paix sa payse.
C'est ainsi qu'avant comme après
Cherchant les effets et les causes,
On a beau parler de progrès
Mais c'est toujours les mêmes choses.

Hé bien? Commences-tu à t'y retrouver?

LE COMPÈRE.

Parfaitement… à gauche, la Seine moins les bateaux-mouches; à droite, la rue de Rivoli avec ses arcades en construction…

LA COMMÈRE.

Et derrière toi ?

LE COMPÈRE, se retournant.

Feu le palais des Tuileries! Je dis *feu* parce qu'il a été brûlé, hélas ! Il se découvre.

Air de « La Colonne ».

Salut à toi, monument dont les flammes
N'ont pas du moins détruit le souvenir

Et dont, malgré des Vandales infâmes,
On parlera longtemps dans l'avenir (*bis*).
Gardant l'espoir qu'un jour on te relève,
Je m'abandonne à cette illusion
Et te salue avec émotion
Comme au sortir d'un mauvais rêve! (*bis*).

Dis donc... sentent-ils assez le beurre rance, ces vieux airs-là !...

LA COMMÈRE.

Va toujours. Il y a encore des chauvins qui s'en font des tartines...

SCÈNE IV

LES MÊMES, UN CAMELOT.

LE CAMELOT.

Demandez le résultat complet des votes!

LE COMPÈRE, ayant mal entendu.

Le résultat complet des courses, déjà? Trente ans avant la fondation de la Société d'encouragement !

LE CAMELOT.

Mais non, citoyen. Pas le résultat des courses.

LA COMMÈRE.

Celui des votes... en faveur du consulat à vie...

LE CAMELOT.

3.500.000. Une majorité écrasante.

LE COMPÈRE.

Preuve que le plébiscite avait du bon. Ce n'est pas mon dernier congrès de Versailles qui aurait jamais osé élire un général. Combien ta feuille, mon garçon ?

LE CAMELOT.

Cinq sols, mon sénateur.

LE COMPÈRE, à la Commère.

C'est cher, aux prix actuels.

LE CAMELOT.

Cinq sous, c'est le prix de l'*Officiel*, mon ambassadeur. Du reste, on n'a pas le choix. Tous les autres journaux sont suspendus.

LE COMPÈRE.

Tous les journaux suspendus... Aïe donc, là ! Hein ! quelle époque !

LA COMMÈRE.

L'Age d'or, quoi !

Air de « La Vénus du Luxembourg ».

En ce temps-là, Dieu quel contraste !
Les lecteurs très épris de fiel
Etaient réduits au champ moins vaste
Du *Moniteur officiel*.
Chaque écrivain, la mort dans l'âme,
Etant forcé d'être tout miel
Semblait parfaire une réclame
Pour les pastilles Géraudel.

LE COMPÈRE.

Pas d'injures que l'on remue,
Ni de bouc à flots répandue

Et loin du style des faubourgs'
On n'imprimait que des mamours.

LA COMMÈRE.

On n'imprimait que des mamours.

LE COMPÈRE.

Tiens, mon garçon, voilà une livre... tu peux
garder la monnaie pour toi et ton journal avec.

LE CAMELOT.

Merci, généreux capitaliste. (Il sort.)

LE COMPÈRE.

Capitaliste ! S'il savait que je dois plus de quarante milliards. (Une nourrice, vêtue comme une Muse, entre
en scène poussant devant elle une petite voiture, surmontée d'une
ombrelle sous laquelle dort un bébé.) Ah ! par exemple, voilà
une riche nourrice.

SCÈNE V

LE COMPÈRE, LA COMMÈRE, CALLIOPE.

LA COMMÈRE.

Oui, elle a de quoi...

LE COMPÈRE.

Comment vous appelez-vous, la belle nounou ?

CALLIOPE.

Calliope

LE COMPÈRE.

Drôle de nom ! De quel pays êtes-vous donc ?

CALLIOPE.

Du Parnasse.

LE COMPÈRE.

De Montparnasse, rive gauche de la Seine ?

CALLIOPE.

Non, monsieur, du Parnasse, autrement dit du Pinde ou de l'Hélicon, à votre choix...

LA COMMÈRE.

Une nourrice mythologique, ça se voit tout de suite à son peplum et à ses palmes académiques.

LE COMPÈRE.

En effet, on dirait une lauréate du prix Monthyon... Et en l'honneur de quel saint *le vôtre* a-t-il été choisi pour nourrir ce nouveau-né.

CALLIOPE.

Je ne suis pas la seule. Nous sommes neuf sœurs qui l'allaitons tour à tour.

LE COMPÈRE.

Peste ! On voit bien qu'il ne s'agit pas d'un *gosse* ordinaire.

LA COMMÈRE.

Je te crois :

AIR : « Le Conquérant dit à la Jeune Indienne » (*Périchole*).

C'est un bébé que les Muses propices
A sa naissance ont largement doté,
Un nourrisson digne de ses nourrices
Voué d'avance à l'immortalité.

Regarde-le jouant avec sa lyre
Ce frêle enfant qu'abrite un parasol,
Et ses parents (*bis*) à bon droit peuvent dire :
Il grandira, sans qu'il soit Espagnol !

Tu ne devines pas qui c'est ?

LE COMPÈRE.

Non, je n'en ai encore qu'une vague idée.

LA COMMÈRE.

Si tu n'as pas oublié tes auteurs, je peux te mettre sur la voie...

LE COMPÈRE.

Vas-y.

LA COMMÈRE.

C'est bien simple. En quelle année sommes-nous ici ?

LE COMPÈRE.

En 1802.

LA COMMÈRE.

Eh bien :

« Ce siècle *a donc* deux ans. Rome remplace Sparte.
» Déjà Napoléon *perce* sous Bonaparte
» Et du premier Consul déjà par maint endroit
» Le front de l'Empereur *brise* le masque étroit...

CALLIOPE.

» Alors dans Besançon, vieille ville espagnole,
» Jeté comme la graine au gré de l'air qui vole
» *Est né* d'un sang breton et lorrain à la fois
» Cet enfant sans couleur, sans regard et sans voix,

» Si débile qu'il fut, ainsi qu'une chimère,
» Abandonné de tous, excepté de sa mère
» Et que son cou ployé comme un faible roseau
» Vit faire en même temps sa bière et son berceau... »

LE COMPÈRE.

J'y suis. Le berceau, le voilà, et l'enfant, c'est Lui, c'est Victor Hugo!

LA COMMÈRE.

Et allez donc, *c'est pas mon père !*...

LE COMPÈRE.

Heureusement pour lui... En attendant :

Air : « Amis, voici la riante semaine ».

Dans son pays nul n'est, dit-on, prophète,
Mais je prédis qu'en France avec raison
Cet enfant-là sera le grand poète
D'une épopée à jamais en renom.
Sa muse même à qui rien ne résiste
En s'élevant au sublime de l'Art,
Ennoblira jusqu'au mot réaliste
Qu'un général proférera plus tard.

LA COMMÈRE.

Le général Cambronne...

LE COMPÈRE.

C'est toi qui l'as nommé!... Allez, Muse de la poésie épique, et mettez-moi aux pieds de vos sœurs...

LA COMMÈRE.

Surtout, veillez bien sur votre précieux nourrisson.

Le Compère, la Commère, Calliope.

Air précédent.

Il grandira (*bis*)
Il grandira sans qu'il soit Espagnol !

Calliope sort de scène en roulant devant elle la petite voiture. — Le théâtre reste vide de figurants.

SCÈNE VI

LE COMPÈRE, LA COMMÈRE, LA SERVANTE.

Le Compère.

Si nous nous asseyions pour prendre un rafraîchissement?

La Commère.

J'allais te le proposer.

Le Compère, appelant.

Citoyenne!...

La Servante.

Voilà, voilà!...

Le Compère.

Deux sherry-goblers.

La Servante.

Des boissons anglaises? Nous n'en tenons pas, citoyen.

Le Compère.

Malgré la paix avec Albion?

LA SERVANTE.

Oh! une paix si boiteuse...

LE COMPÈRE.

En ce cas, deux bocks de Bavière.

LA SERVANTE.

Des boissons allemandes? Nous n'en tenons pas, citoyen.

LA COMMÈRE.

Malgré la paix de Lunéville?

LA SERVANTE.

Oh! une paix si précaire...

LE COMPÈRE.

Deux sorbets au champagne, alors.

LA SERVANTE.

Des boissons françaises. A la bonne heure; ça, nous en tenons. Voilà, voilà!

LA COMMÈRE.

Nous serons très bien ici pour voir les personnes qui vont à la revue ou qui en reviennent. Parbleu, voici déjà deux des grandes cocodettes de l'époque qui se dirigent de ce côté. Regarde, tu dois les connaître...

LE COMPÈRE, regardant à la cantonade.

Certainement, mais à première vue...

LA COMMÈRE.

Tu ne les reconnais pas... (Ces deux dames paraissent, marchant à petits pas côte à côte.) Hé bien! celle qui est fortement décolletée par en bas, c'est la célèbre madame Tallien, née Cabarrus...

LE COMPÈRE

Et l'autre, celle qui est fortement décolletée par en haut?

LA COMMÈRE.

Madame Récamier, fille et femme de banquiers, mais n'aimant à frayer qu'avec la noblesse.

LE COMPÈRE.

Du snobisme, quoi!... Ecoutons-les causer. Cela nous apprendra à en connaître à la fois les dessus et les dessous.

Pendant ces répliques, les deux dames sont descendues en scène, à hauteur du Compère et de la Commère assis et humant leurs sorbets à l'aide de longs brins de paille.

SCÈNE VII

LE COMPÈRE, LA COMMÈRE, MADAME TALLIEN, MADAME RÉCAMIER.

Mᵐᵉ RÉCAMIER.

Oui, ma chère Thérésia, figurez-vous que connaissant bien mes préférences pour les partisans de l'ancien régime, Joséphine a eu le toupet de me faire envoyer une carte d'invitation pour ici après la revue.

Mᵐᵉ TALLIEN.

Et cette carte, c'est la carte forcée. Car si vous

vous absteniez d'en profiter, vous augmenteriez contre vous la rancune de Bonaparte, rancune amoureuse d'ancien soupirant, n'est-il pas vrai, ma chère Juliette?

Mme RÉCAMIER.

En effet, Thérésia, il a essayé de me poser un *lapin*.

Mme TALLIEN.

Et ne vous pardonne pas d'être rentré bredouille... Il sont tous comme ça... Mais vous avez peut-être eu tort. Bonaparte n'est pas le premier venu.

Mme RÉCAMIER.

Parvenu, vous voulez dire.

Mme TALLIEN.

Soit ! Mais les destinées de la France sont entre ses mains. Et la femme qui, par l'ascendant de ses charmes, exerce une influence salutaire sur l'homme de génie qui détient le pouvoir, celle-là a son rôle marqué dans l'Histoire...

Mme RÉCAMIER.

Que ne le jouez-vous auprès de lui, ce rôle, Thérésia ? Vous êtes assez belle et assez spirituelle pour le séduire, comme vous en avez séduit tant d'autres.

Mme TALLIEN.

Oh ! moi, mon rôle est fini. On n'est pas deux fois la femme du moment. Je l'ai été sous la Terreur

en armant Tallien contre Robespierre et si j'ai eu
la... la jambe un peu légère sous le Directoire, ce
sera mon éternel honneur d'avoir mérité le surnom
de Notre-Dame de Thermidor.

Le Compère, à part.

Bravo !

Mme Tallien, continuant.

Non. La femme du moment, c'est la veuve Beauharnais, l'ancienne amie que nous avons connue
moins fière, quand elle dînait modestement avec
nous chez Barras.

Mme Récamier.

Et maintenant, plus que reine ! Si ça ne fait pas
pitié...

Le Compère, à part.

Joséphine vendue par ses sœurs.

Mme Tallien.

Un pareil sort ne vous aurait donc pas tentée,
Juliette ?

Mme Récamier.

Epouser un soldat de fortune, ah ! fi. Si je me
décidais à divorcer, ce ne serait que pour épouser
un Montmorency. J'en ai trois à mes pieds.

Mme Tallien.

Moi, si je divorçais avec Tallien, comme j'ai déjà
divorcé avec mon premier mari, ce ne serait que
pour épouser un Chimay...

La Commère, à part.

Pourquoi pas ? Tout arrive.

Mme RÉCAMIER.

En attendant, le rôle que j'ambitionne, c'est de
contribuer, en enflammant mes adorateurs, à rame-
ner bientôt sur le trône notre roi légitime...

Mme TALLIEN.

Jeanne d'Arc, alors?

Mme RÉCAMIER, baissant les yeux.

Je pourrais l'être.

Mme TALLIEN.

Moi pas.

Mme RÉCAMIER.

Tel est donc le but que nous poursuivons clan-
destinement, quelques amies et moi.

LA COMMÈRE, intervenant.

Prenez garde, Mesdames, on pourrait vous entendre !

AIR DES « Salons parisiens ».

Aux parvenus sans élégance
Vous préférez les gens titrés
Et quand ils reviennent en France
Vous faites fête aux émigrés.
Fort bien, mais de l'Ogre de Corse
La police est sur vos talons
Et peut, en usant de sa force,
Faire fermer tous vos salons.
Tous vos salons où l'on conspire
    L'on conspire
Contre le régime nouveau
Dont Bonaparte est l'écheveau,
Tant l'on prévoit déjà l'Empire
Dans vos salons où l'on conspire !

Le Compère, *à part se levant.*

Et ils ne manquent pas de flair.

Mme Tallien.

Vous le voyez, ma chère. Nous n'étions pas seules. On nous filait.

Mme Récamier.

Des agents de Fouché, probablement.

Le Compère.

Elles nous prennent pour des *flics*... Rassu-rons-les. Ne craignez rien de nous, mesdames... Nous n'avons rien à faire avec la police.

La Commère.

Au contraire, monsieur est un émigré qui revient de très loin... le duc de Cent-Ans.

Mme Récamier.

Un duc...

Le Compère, *désignant la commère.*

Et madame, une noble étrangère : la marquesa de Los Diablos...

Mme Tallien.

Une grande d'Espagne ?

La Commère.

De *première classe*, madame.

Mme Tallien.

Alors vous avez dû connaître ma famille, la fa-mille Cabarrus.

La Commère.

Comment donc, mais intimement.

Mᵐᵉ Récamier.

Et nous qui vous prenions pour des mouchards !

Le Compère.

Tandis que nous ne faisions qu'observer votre beauté et l'élégance de votre mise. (A Mᵐᵉ Tallien.) C'est à la dernière mode, ce joli sac que vous portez au bras ?

Mᵐᵉ Tallien.

Ce n'est pas un sac, duc, c'est un ridicule.

Le Compère.

Un ridicule… C'est donc le *seul* que vous puissiez jamais avoir.

Mᵐᵉ Tallien.

Flatteur. A la rigueur cela s'appelle aussi un cabas. Celui-ci m'a été envoyé dernièrement par le czar Alexandre Iᵉʳ.

Le Compère.

Un *cabas russe*. Il vous devait bien ça…

Mᵐᵉ Récamier

Délicieux, le calembour.

La Commère.

Ne faites pas attention, mesdames. Il est malin comme un singe.

Le Compère.

Méfiez-vous d'elle, elle a de l'esprit comme un démon.

Batterie aux champs dans le lointain, en même temps que l'orchestre joue en sourdine l'air : « Partant pour la Syrie ».

Mme TALLIEN, *regardant à la cantonade.*

Ah ! ah ! Voici la « plus que reine » qui sort des Tuileries suivie d'un aide de camp.

Mme RÉCAMIER.

Et c'est pour elle qu'on bat aux champs...

Mme TALLIEN.

Comme pour une vraie princesse du sang.

Mme RÉCAMIER.

Du sang nègre, car en sa qualité de créole, elle doit bien en avoir quelque peu dans les veines.

LE COMPÈRE, *à part.*

Allons, ferme, poussez, bonnes amies de cour !

Pendant les répliques précédentes. Mme Bonaparte est descendue en scène après avoir fait signe à l'aide de camp de rester dans le fond du théâtre. La musique cesse de jouer au moment où elle arrive au milieu de la scène entre Mme Récamier et Mme Tallien.

SCÈNE VIII

LES MÊMES, MADAME BONAPARTE, UN AIDE DE CAMP

Mme RÉCAMIER, *avec une grande révérence.*

Quel heureux sort, madame, en ce lieu vous amène ?

LA COMMÈRE, *à part.*

Si l'on ne croirait pas entendre Célimène !

5.

Mme TALLIEN, *avec une profonde révérence.*

Madame !...

Mme BONAPARTE.

Des révérences ? Madame ? Depuis quand ne m'appelez-vous plus Joséphine tout court ?...

Mme RÉCAMIER.

Depuis que le respect...

Mme TALLIEN.

La distance...

Mme BONAPARTE.

Le respect... la distance... Croyez-vous que de pareils mots soient de mise entre des amies comme nous ? Croyez-vous que ces marques de déférence dont on m'accable, c'est moi qui les sollicite ? Croyez-vous qu'en épousant le général Bonaparte, mon ambition personnelle souhaitât d'occuper un jour et si vite, en ses lieu et place, le palais d'une famille royale que la mienne a toujours fidèlement servie ? Le croire, Thérésia, c'est méconnaître la loyauté de mes sentiments. Le croire, Juliette, c'est s'associer aux ennemis qui conspirent dans l'ombre contre la vie de mon mari et qui m'accusent, moi, de le pousser à obtenir du peuple une élévation plus haute encore ! Tenez, voici, à ce propos, la dernière élucubration qu'un chansonnier anonyme m'a fait parvenir pas plus tard que ce matin sous le couvert d'un placet... Lisez cela pour voir comment me jugent ceux qui ne me connaissent pas.

Mᵐᵉ TALLIEN, lisant.

Air de « Malborough ».

Comme bien plus que reine
Mironton, ton ton, mirontaine,
La Beauharnais hautaine
Se regarde déjà (ter).
Mais de cette sirène
Mironton, ton ton, mirontaine,
La France souveraine
Bientôt se lassera (ter).
Et simple citoyenne
Mironton, ton ton, mirontaine,
Dans sa rue Chantereine
Elle retournera.

LE COMPÈRE.

L'auteur oublie que la rue Chantereine s'appelle
aussi rue de la Victoire.

Mᵐᵉ BONAPARTE.

Merci, monsieur, pour cette bonne parole. Monsieur?...

Mᵐᵉ TALLIEN.

Le duc de Cent-Ans, un émigré qui, paraît-il,
revient de très loin.

Mᵐᵉ BONAPARTE.

Qu'il soit le bienvenu, comme tous les exilés
dont je ne cesse de demander la rentrée. Et Madame?

Mᵐᵉ RÉCAMIER.

Une noble étrangère qui arrive aussi d'un pays
très éloigné... situé...

LA COMMÈRE.

Géométriquement, sous nos pieds.

Mme BONAPARTE.

D'une colonie, sans doute?

LA COMMÈRE.

Où il fait extrêmement chaud, oui, madame.

Mme BONAPARTE.

Je n'ai pas besoin de vous dire combien les créoles me sont sympathiques. — Quant à ce dernier pamphlet, je me garderai bien de le montrer à Bonaparte... il le mettrait hors de lui, car vous ne sauriez croire quelle tendresse pour moi se cache sous son masque césarien et résolu... Témoin les lettres qu'il m'écrivait d'Italie, pendant sa première campagne, après ses victoires d'Arcole et de Rivoli... Il y en a une que je porte toujours sur moi, comme un fétiche. La voici. (Elle tire la lettre de son sein.) C'est daté des hauteurs du Semering, le 2 germinal an V.

AIR DE « La Lettre » (*Périchole*).

« Ma chère épouse, je te jure
» Que je t'aime de tout mon cœur ;
» Dans nos camps la vie est bien dure
» Seul, même quand on est vainqueur.
» — Sans moi, la tienne est incolore,
» Me dis-tu? Mais c'était forcé
» Pour que le drapeau tricolore
» Flottât partout où j'ai passé.
» Mais je t'aime autant que ma gloire,
» Autant que mes preux bataillons

» Que j'ai conduits à la victoire
» Au début couverts de haillons.
» Se peut que bientôt je revienne
» Car du sommet où je t'écris
» J'aperçois les clochers de Vienne
» Qui m'offre la paix à tout prix.
» Te revoir, sans cesse j'y pense
» Mais en attendant ce beau jour,
» Malgré le temps et la distance
» Tu peux compter sur mon amour...
» Avant que mon courrier ne parte
» Il faut malgré moi me presser
» Et je signe : Ton Bonaparte
» Qui t'aime et t'envoie un baiser. »

Mme RÉCAMIER.

C'est fort touchant.

Mme TALLIEN.

Je me sens tout émue.

LE COMPÈRE.

Il y a de quoi !

LA COMMÈRE.

L'attendrissement ? Ça m'est défendu.

Mme BONAPARTE.

Seulement...

Mme TALLIEN.

Ah ! il y a un « mais » ?

Mme BONAPARTE.

Oui. Napoléon a un grand défaut. Il trouve que
je dépense trop pour ma toilette.

Le Compère.

Et il rechigne à *casquer* pour payer vos dettes ?

Mme Récamier.

C'est bien petit pour un si grand homme !

Mme Bonaparte.

A part cela, il ne cherche qu'à me distraire. Tout à l'heure, après sa revue, il m'offre ici la répétition générale d'une retraite aux flambeaux qui doit avoir lieu ce soir, suivie d'un ballet.

Le Compère.

Comme du temps de Louis XIV qui se plaisait à y figurer en personne !

Mme Bonaparte.

Mais je doute que le Premier Consul ait l'intention d'y esquisser un pas de sa façon. Non, le piquant de l'affaire, c'est que ce divertissement est donné par une troupe de Milanaises que la Garde consulaire a ramenée d'Italie à Paris.

La Commère.

Les filles du régiment...

On bat aux champs d'abord en sourdine.

L'Aide de camp, apparaissant.

Madame, la revue est terminée. Il est temps de prendre place sur la terrasse réservée.

Mme Bonaparte.

Montons-y vite, mesdames.

L'orchestre continue à battre aux champs en sourdine. Pendant que les personnages en scène prennent place sur l'estrade, le 1er officier entre en scène et place des factionnaires sur le devant du théâtre.

PREMIER OFFICIER, aux soldats.

Vous savez la consigne. Rendre les honneurs à qui de droit, et écarter la foule...

LE COMPÈRE.

Il n'y en a pas.

PREMIER OFFICIER.

Il pourrait y en avoir. Garde à vous !... Présentez... armes !

Les factionnaires présentent les armes et l'orchestre continue la batterie aux champs. En même temps, on crie dans la coulisse : « Vive le Premier Consul ! »

LE COMPÈRE.

Vive l'Empereur !

Mme BONAPARTE.

Vous vous trompez, duc. Il n'est pas encore question de ça.

LE COMPÈRE.

Ça ne tardera pas. J'ai mes raisons pour le savoir.

L'orchestre accentue la batterie aux champs et le Premier Consul paraît. Au bout d'un instant, la musique cesse.

LE PREMIER CONSUL, s'adressant à la cantonade.

Soldats de la Garde consulaire, je suis content de vous. Général Davoust, faites rompre les rangs. (L'orchestre joue quelques mesures de la breloque pendant que le Premier Consul prend place sur la terrasse). Vos invités, Joséphine ? Qu'ils soient les bienvenus. Mesdames, veuillez vous asseoir.

L'Aide de camp, *au pied de la terrasse.*

Quels sont les ordres du Premier Consul ?

Le Premier Consul.

Que la fête commence !

SCÈNE DERNIÈRE

Précédée d'un tambour-major, la musique entre jouant l'air de la retraite. Le tambour-major, une danseuse en travesti (Mlle Piodi), est suivi de quatre tambours. Derrière les tambours vient, seule, la première cantinière (Mlle Zambelli). Six autres suivent, marchant de front, et suivies de six danseuses en travesti de hussards. Quatre musiciens à instruments de cuivre viennent ensuite. Un musicien avec la grosse caisse ferme la marche. Ils font ainsi deux fois le tour du théâtre et se forment ensuite : les danseuses dans le fond, le tambour-major et les musiciens face à la terrasse.

Ballet.

Ballet réglé sur des airs empruntés à *L'Étoile du Nord*, à *La Vivandière*, à *La Fille du Régiment*. Le ballet se termine par un défilé et par une marche en bataille.

RIDEAU.

ACTE II

Le Boulevard des Italiens en 1822.

A gauche, un café devant lequel sont attablés divers consommateurs.
L'un d'eux est celui qui figurait à la scène 1 du Ier acte sous la désignation Ier consommateur. Seul à une table est assis, en habits civils, le Ier officier, également désigné à ladite scène.

SCÈNE PREMIÈRE

L'OFFICIER, PREMIER CONSOMMATEUR, DIVERS CONSOMMATEURS, UNE SERVANTE.

Tous, moins l'Officier.

Air : « La Clé, la Clé ».

La paix ! (*bis*)
Vive la paix !
Adieu la gloire
Et la victoire
La paix ! (*bis*)
Vive la paix !
Et goûtons-en tous les bienfaits.

Deuxième Consommateur.

Oui, mes amis, vive la paix !

6

Tous, *excepté le 1er Officier.*

Oui, oui, vive la paix !

PREMIER CONSOMMATEUR.

Vive la paix et vive le roi !

AIR : « Vive le roi ».

Pour le bonheur du pays,
    Le roi Louis
      S'est rassis,
      S'est rassis,
    Le roi Louis.
Su' le trôn' de son père !
Que le bon Dieu soit béni
Avec lui, n, i, ni,
N, i, ni, c'est fini
N'y aura plus la guerre.
    Vive le roi ! (*bis*)
Et buvons à lui, ma foi !

Ils choquent leurs verres.

DEUXIÈME CONSOMMATEUR, *à l'Officier.*

Vous ne trinquez pas avec nous, monsieur?

L'OFFICIER

Trinquer ? A la santé de qui ?...

PREMIER CONSOMMATEUR.

A la santé du roi Louis XVIII que Dieu protège,
pour le repos et la prospérité de la France !

L'OFFICIER.

Allons donc, farceur. Je la connais, votre phrase.
Vous l'avez déjà placée devant moi dans le jardin
du Palais-Royal en faveur de la République ; dans

le jardin des Tuileries, en faveur du Consulat et
de l'Empire ; la prochaine fois, vous la placerez
n'importe où, en faveur de n'importe quel pouvoir
existant...

PREMIER CONSOMMATEUR.

Qu'est-ce que ça prouve ? Ça prouve que je
n'aime pas le changement...

L'OFFICIER.

Eh bien vrai, on ne le dirait pas. Chez moi, c'est
autre chose. (Se frappant le cœur.) Ça ! ça ne variera
jamais, et pour cause. (Il ouvre sa redingote et laisse voir sa
croix d'honneur fixée aux tresses d'or d'un gilet militaire. Le compère
entre en scène, et s'arrête pour écouter le couplet suivant :)

AIR : « T'en souviens-tu ».

Cette croix-là me fut, à l'origine,
Donnée un jour par le grand Empereur ;
Il l'attacha lui-même à ma poitrine,
Aux battements répétés de mon cœur.
Si, depuis lors, on en fait un usage
Que n'avait pas prévu son fondateur,
La mienne, où brille encore son image)
N'a rien, du moins, perdu de sa valeur ! $ (bis)

LE COMPÈRE, à part.

Bravo ! l'Officier à demi-solde ! Scribe n'aurait
pas mieux dit.

L'OFFICIER.

Voilà pourquoi, quand vous criez tous : Vive le
Roi, moi, je crie encore plus fort : Vive l'Empereur !

La Servante, à part.

Moi aussi, mais plus bas...

Deuxième Consommateur.

Vous n'y songez pas, Monsieur, vous allez tous nous compromettre !...

L'Officier.

Voilà une chose qui m'est égale !

Premier Consommateur, se levant.

Oui, mais pas à nous. Payez-vous, Mademoiselle. Voici un louis.

L'Officier.

Paye-toi, ma jolie fille. Voici un napoléon.

Premier Consommateur.

Et gardez le reste pour boire à la santé du roi de France !

L'Officier.

Le reste, pour boire à la santé du roi de Rome !

La Servante, à l'Officier.

Soyez tranquille, c'est à la sienne que je boirai tout.

Premier Consommateur.

Et nous, mes amis, quittons ce dangereux voisinage en criant plus que jamais :

(Reprise de l'air précédent.)

Vive le roi !
Buvons à sa santé, ma foi !

Ils s'éloignent, l'Officier les suit du regard en haussant les épaules.

L'Officier.

Tas de fouinards !

Il entre dans le café.

SCÈNE II

LE COMPÈRE, seul, descendant, au public.

Est-ce assez nature? Néanmoins, la scène qui précède appelle une explication :

Mesdames et Messieurs, ne vous étonnez pas,
Si nous sommes forcés de marcher à grands pas,
Puisque doit à minuit se terminer le pacte.
Vingt ans sont écoulés depuis le premier acte,
Et c'est dur de glisser si vite, quand on a,
A son actif, Wagram, Austerlitz, Iéna,
Et quand Napoléon demeurera, quand même,
L'indiscutable *clou* du siècle dix-neuvième ;
Quand ses cendres, qu'un jour on doit aller chercher,
  Quitteront le rocher
  Perdu là-bas dans l'onde,
Où, comme le poète a dit de l'Empereur :
— « Deux choses lui restaient dans sa cage inféconde,
» Le portrait d'un enfant, et la carte du monde,
  » Tout son génie et tout son cœur. »

Tiens, une fleuriste ! La grand'mère de *Lachaume*, probablement !

SCÈNE III

LE COMPÈRE, UNE FLEURISTE, sortant du café, va
doucement au Compère.

La Fleuriste, au Compère.

Air : « Les Vingt sous de Perinette ».

De mes mains fleurissez-vous.
Ornez votre boutonnière
D'un lis que la bouquetière
Ne fait payer que vingt sous.
Ce lis, dans sa blancheur même,
Est, par nos traditions,
Le témoignage et l'emblème
Des pures convictions.
Achalandez la fleuriste
Qui vous offre à prix très doux
De passer pour bon royaliste
Quand ça ne coûte que vingt sous !

Le Compère.

Un lis; j'aimerais mieux un bouquet de violettes.

La Fleuriste.

Des fleurs séditieuses ! Vous voulez donc vous
faire *passer à tabac ?*

Le Compère.

C'est si dangereux que ça ?

La Fleuriste.

Je vous crois. Un emblème bonapartiste !

LE COMPÈRE.

Raison de plus, c'est ma couleur.

LA FLEURISTE.

Bah! faites comme les autres. Lâchez la violette
pour vous mettre au lis...

LE COMPÈRE.

Dans le *vôtre* ?

LA FLEURISTE.

Vous ne le voudriez pas : avec une *tourte* comme
la vôtre...

LE COMPÈRE.

Une tourte... Ah! ça, dites donc, vous!

LA FLEURISTE.

Eh bien! quoi, ça se dit dans la meilleure société...

LE COMPÈRE.

Déjà ?

LA FLEURISTE.

Air : « Ça vous fait toujours quelque chose ».

Sans doute, vous ignorez donc
Que l'argot date du glossaire
Dont le bon curé de Meudon
A fait un autre bréviaire.

LE COMPÈRE.

Si Rabelais créa l'argot
Je lui préfère les Maximes
Que créa la Rochefoucauld...
Pour les dames... pas d'chez Maxim's.

Car entendre parler argot,
Dans plus d'un salon où l'on cause,
Que ce soit naguère ou tantôt
Ça vous fait toujours quelque chose.

La Fleuriste.

Une fois, deux fois, vous ne voulez pas m'étrenner ?

Le Compère, à part.

Décidément, elle veut se payer ma tête (haut.) Eh bien, si, là, quand ce ne serait que pour détourner les soupçons sur mon identité. Voilà vingt sous.

La Fleuriste.

Pardon, c'est deux francs, pour acheter aussi mon silence.

Le Compère.

L'impôt progressif... Tenez, voilà encore vingt sous.

La Fleuriste.

A la bonne heure. Sans quoi, j'allais vous dénoncer à *La Quotidienne* pour qu'elle tâche de faire fermer votre cercle.

Air précédent.

De mes mains fleurissez-vous, etc.

Elle sort.

SCÈNE IV

LE COMPÈRE, seul.

En voilà une petite carottière. En attendant, j'ai perdu ma commère. Au moment où le rideau allait se relever, elle s'est effondrée dans le troisième dessous, en me criant : Songe au coup de minuit !... (Regardant sa montre.) Dix heures. Plus que deux heures à aller à reculons, comme une écrevisse, au milieu des revenants... Il n'y a pas de temps à perdre. Mais où suis-je, au fait ? (Regardant un écriteau.) Boulevard des Italiens, autrement dit : Boulevard de Gand... Situation et couplet :

Air : « Les Petits Bateaux ».

Ce boulevard de Gand
Très élégant
A son histoire
Et j'ai bonne mémoire
De l'avoir vu toujours fringant.

La Restauration,
Lui valut ce baptême,
Comme un dernier emblème
De l'émigration.

Aux officiers du Roi
S'y heurtaient, c'est notoire,
Les brigands de la Loire
Mis en retrait d'emploi.

L'un l'autre avec dédain,
D'un air hautain
S'y cherchaient noise ;
D'où le fer que l'on croise,
Soir et matin, sur le terrain.

Au régime fini,
Le nom survit quand même,
Et la riche bohème
S'installe à Tortoni.

Le café de Paris,
Restaurant somptuaire,
Devient le sanctuaire
Des viveurs aguerris.

Là trône avec humour,
Emigré du sol britannique,
Ce richard excentrique
Que l'on appelle lord Seymour.

Puis apparaît le clan
Des rois de la chronique,
Sous l'aile satirique
De Nestor Roqueplan.

Dans *Le Charivari,*
Leurs bons mots, à la ronde,
Sont l'aubaine féconde
Dont tout Paris a ri.

C'est là que Gavarni
A rencontré plus d'un modèle
Qu'à son croquis fidèle
Ce boulevard aura fourni.

Enfin, pour le bouquet,
Ce lieu plein de ressources,

Devient, avec les courses,
Le berceau du Jockey !

Mais dans mon avatar,
Malgré moi, j'anticipe,
Et que Louis-Philippe
Me le pardonne, car

Ce boulevard de Gand
Très élégant
A son histoire
Et j'ai bonne mémoire
De l'avoir vu toujours fringant.

Mais n'oublions pas que nous sommes encore sous la Restauration, époque fertile en incidents qu'ont exploités avec fruit pas mal de nos auteurs dramatiques.

Ritournelle de l'air suivant, et entrée en scène de Colinette et de M™ de Lavalette. Chacune entrant d'un côté différent, se rejoignant au fond du théâtre et descendant à l'avant-scène en marchant de front de façon à encadrer le Compère.

SCÈNE V

LE COMPÈRE, COLINETTE, MADAME DE LAVALETTE.

Air des « Hommes d'armes » (*Geneviève de Brabant*).

I

COLINETTE.

Je suis madame Colinette
Dont l'époux fut emprisonné.

Mme DE LAVALETTE.

Et moi, madame Lavalette
De qui le sien fut condamné.

COLINETTE.

Avoir su préserver sa tête...

Mme DE LAVALETTE.

Arracher la sienne au bourreau...
Ah ! qu'il est beau...

COLINETTE.

Ah ! qu'il est beau...

Mme DE LAVALETTE.

D'avoir ainsi,

COLINETTE.

D'avoir ainsi
Sauvé les jours de son mari.

Ensemble :

LE COMPÈRE, COLINETTE, LAVALETTE.

Ah ! qu'il est beau (*bis*)
D'avoir ainsi (*bis*)
Sauvé les jours de son mari.

II

Mme DE LAVALETTE.

De son cachot, péril extrême,
Il a fui sous mon vêtement.

COLINETTE.

Le mien, au nez du roi lui-même
S'est évadé pareillement !

Mme DE LAVALETTE.
Et vu ce double stratagème...

COLINETTE.
Digne des hauts faits de Marbot...

Mme DE LAVALETTE.
Ah ! qu'il est beau...

COLINETTE.
Ah ! qu'il est beau...

Mme DE LAVALETTE.
D'avoir ainsi

COLINETTE.
D'avoir ainsi
Sauvé les jours de son mari !

Ensemble :
LE COMPÈRE, COLINETTE, Mme DE LAVALETTE.
Ah ! qu'il est beau, etc.

LE COMPÈRE.
Ainsi, votre dévouement est identique.

Mme DE LAVALETTE.
Pardon. Le mien a la priorité. Celui de madame
n'est qu'une contrefaçon.

COLINETTE.
Il fallait prendre un brevet d'invention, ma chère.

Mme DE LAVALETTE.
Je n'y ai pas pensé, ma chère.

LE COMPÈRE, à part.
Bataille de dames...

7

COLINETTE.

Par conséquent, j'étais dans mon droit, n'est-ce pas, monsieur ?

LE COMPÈRE.

Sans doute. Du moment que c'est par amour conjugal :

> Y a pas d'mal à ça, Colinette,
> Y a pas d'mal à ça !

Mme DE LAVALETTE.

Et encore, madame a-t-elle eu le temps de troquer ses jupons contre l'uniforme du colonel de Rouvray, tandis que moi, c'est en chemise que m'a trouvée le geôlier... En chemise, monsieur. Vous voyez ça d'ici !

LE COMPÈRE.

Je me le figure. Mais du moment que c'est par amour conjugal :

> Y a pas d'mal à ça, Lavalette,
> Y a pas d'mal à ça !

Et après cela, comtesse ?

Mme DE LAVALETTE.

Je me suis hâtée de me rhabiller pour rejoindre mon mari qui avait eu le toupet d'aller se cacher... vous ne devineriez jamais où ?

LE COMPÈRE.

Dans l'arbre de Robinson ?

Mme DE LAVALETTE.

Mieux que ça ! Aux Affaires étrangères, sous le toit même du premier ministre !

Le Compère.

Sous le toit, ça c'est un *comble !* Et Louis XVIII,
qu'est-ce qu'il a dit de tout cela, lui, quand il l'a su?

Mme de Lavalette.

Il a dit que je n'avais fait que mon devoir.

Le Compère.

Hé bien, c'est un brave homme... et vous mar-
quise ?

Colinette.

Oh! moi, cela n'a pas été aussi pathétique. Dès
que mon mari, le colonel de Rouvray, a été arrêté
et conduit aux Tuileries comme suspect, le roi m'a
reçue tout de suite dans son cabinet, dans le même
cabinet où Napoléon tapotait le bras de madame
Sans-Gêne, et où présentement, Louis XVIII se
sert, dit-on, des fossettes de madame du Cayla en
guise de tabatière.

Le Compère.

Et pour le bien disposer, vous lui avez également offert une prise au même endroit?

Colinette.

Pas du tout. Ça s'est passé très convenablement.

Air : « Ne raillez pas la garde citoyenne ».

Lorsque j'entrai, timidement sans doute,
Le roi me fit le plus aimable accueil,
Malgré l'ennui d'un fort accès de goutte
Qui le tenait cloué sur son fauteuil.
Ses cheveux blancs, encadrant son visage,
En augmentaient encor la majesté,

Et si ses yeux erraient sur mon corsage,
Je m'y connais, c'était avec bonté.
De mon mari, pour obtenir la grâce,
Je m'empressai, — connaissant son dada, —
De lui citer un passage d'Horace,
Duquel charmé le roi se dérida.
J'avais du coup capté sa confiance,
Et le trouvai, pour m'accorder appui,
Bien plus enclin encore à la clémence
Qu'aux châtiments qu'on prône autour de lui.
Pendant ce temps, dans la pièce voisine,
Le colonel, avec anxiété,
Se demandait, — du moins, je l'imagine —
De quoi j'allais payer sa liberté?
Eh bien, pas ça!... Sans me conter fleurette
Pour en finir, Sa Majesté, tout bas,
Me dit : « Allez, madame la Valette
Vous a donné l'exemple en pareil cas. »
Je l'ai suivi, ma chère, et, femme honnête,
Voilà comment, en poursuivant mon but,
De mon mari, j'ai pu sauver la tête
Sans y planter un fâcheux attribut!

Le Compère.

Tous mes compliments, mesdames. Je pense que monsieur de Montyon s'est déjà empressé de vous couronner lui-même.

Mme de Lavalette.

Ex-æquo, oui, monsieur. Mais c'est égal, une autre fois, je prendrai un brevet, comme ça, je ne serai pas obligée de partager le prix. Venez-vous, Colinette?

COLINETTE.

Je vous accompagne, Lavalette.

Ensemble.

LE COMPÈRE, COLINETTE, LAVALETTE.

AIR ANTÉRIEUR.

Ah! qu'il est beau (*bis*)
D'avoir ainsi (*bis*)
Sauvé les jours de son mari !

Elles sortent.

SCÈNE VI

LE COMPÈRE, seul.

Elles ne se doutent pas du succès qui les attend
plus tard, l'une sur la rive gauche, l'autre sur la rive
droite,

Air : « La Paimpolaise ».

I

Colinette, ou la petite Yahne,
Dans quatre-vingts ans environ,
Sera loin d'être une Ariane
Abandonnée à l'Odéon.
Et quel branle-bas
Pour elle là-bas,
Quand, bravant cette répugnance
Qu'inspire un voyage lointain,
On ira, malgré la distance
L'applaudir au quartier latin !

7.

II

Quant à madame Lavalette,
Le Vaudeville y trouvera
Le maximum de sa recette
Tant que Réjane la jouera.
Jusqu'à saint Thomas
Qui ne doute pas
Que ce soit pour la grande artiste
Au talent si souple et si fin,
Un succès de plus à la liste
Qui l'attend au quartier d'Antin !

(Consultant sa montre.) Dix heures et demie ! Comme le temps passe vite sous la Restauration.

SCÈNE VII

LE COMPÈRE, LE MARQUIS, HÉLÈNE DE LA SEIGLIÈRE.

HÉLÈNE.

Par ici, mon père, voici un monsieur qui pourra peut-être nous renseigner.

LE MARQUIS.

Il porte une fleur de lis à sa boutonnière, ce doit être l'un des nôtres.

HÉLÈNE.

Alors, je peux ?

LE MARQUIS.

Tu peux.

HÉLÈNE, au Compère.

Pardon, monsieur, vous n'auriez pas rencontré
par hasard un jeune officier en demi-solde?...

LE MARQUIS.

Un des prétoriens licenciés des armées de Buo-
naparte.

HÉLÈNE.

Monsieur Bernard Stamply.

LE COMPÈRE.

Mon Dieu, non, mademoiselle. Je ne l'ai pas
rencontré. Mais son nom est loin de m'être inconnu.
A qui ai-je l'honneur de parler?

LE MARQUIS.

Au marquis de la Seiglière.

HÉLÈNE.

Et à sa fille Hélène.

LE COMPÈRE.

Ah bon, je sais. Vous disiez donc ?

HÉLÈNE.

Que nous cherchons partout monsieur Bernard
Stamply.

LE MARQUIS.

Oui, un croquant dont ma fille s'est bêtement
amourachée.

LE COMPÈRE.

Vous êtes dur pour lui.

HÉLÈNE.

Ne faites pas attention à ses paroles, monsieur,
mon père est aigri.

LE COMPÈRE.

S'il *était gris* je les lui pardonne... Alors?

HÉLÈNE.

Alors nous avons quitté le château et sommes partis en chaise de poste pour venir aux informations à Paris.

LE COMPÈRE.

Vous avez bien fait.

HÉLÈNE.

N'est-ce pas, monsieur? Tu vois, papa, monsieur approuve.

LE MARQUIS.

Il a tort.

LE COMPÈRE.

Vous avez bien fait pour deux raisons. D'abord, par humanité, et ensuite parce que cela me donne l'occasion de constater que ce costume vous va rudement bien.

HÉLÈNE.

Hélas! à quoi bon un habit qui vous sied bien à à la surface, lorsqu'en dessous on a le cœur si gros?...

LE COMPÈRE.

Mais non, pas trop, juste ce qu'il faut.

LE MARQUIS,

C'est parce qu'elle a beaucoup maigri.

HÉLÈNE.

Il est vrai... J'ai tant de chagrin...

Le Compère.

Eh bien, voulez-vous que je vous dise ! Tout ça
finira bien.

Hélène.

Comment pouvez-vous le savoir ?

Le Compère.

Par mon petit doigt, qui me dit tout. Écoutez-le :

Air : « La Boulangère ».

La Seiglière a des écus
Qui ne lui coûtent guère,
Et qu'son régisseur a rendus
C'qui n'est pas ordinaire
Sais-tu
C'qui n'est pas ordinaire !

Le Marquis.

Je suis obligé d'en convenir.

Le Compère.

Ah ! vous voyez bien.

Hélène.

Même air :

De c'régisseur plein de vertu
L'fils était militaire,
Et v'la-t-il pas qu'il s'est féru
D'mam'zell' la Seiglière !
Sais-tu
D'mam'zell' la Seiglière.

Mais je vous jure que je n'ai rien fait pour le
séduire.

LE COMPÈRE.

Je n'en doute pas, mademoiselle, car :

MÊME AIR :

Pour épouser des parvenus
La fille étant trop fière,
Voulait leur rendre les écus
C'qui n'faisait pas l'affaire,
Sais-tu
De son très noble père.

LE MARQUIS.

Dam ! mettez-vous à ma place !

LE COMPÈRE.

Heu ! heu !

HÉLÈNE.

MÊME AIR :

De les reprendre fit refus
Le brave militaire,
Et ce refus rendit confus
Le cœur de l'héritière,
Sais-tu
Le cœur de l'héritière.

Aussi à présent, voyez-vous, je l'aime ! Oh ! mais
là, je l'adore...

LE COMPÈRE.

Épilogue :

MÊME AIR :

Ne pouvant rester là-dessus,
On fit v'nir le notaire.

Le papa garda les écus
La fill' prit l'militaire,
Et sais-tu
Ce n'sera pas la dernière.

HÉLÈNE.

Ah ! monsieur. Dieu vous entende !

LE COMPÈRE.

Il m'entendra. Entrez dans ce café. C'est celui
où se réunissent les camarades de Bernard Stamply.

HÉLÈNE.

Merci, généreux nécromancien. Entrons vite,
mon père. (Elle se dirige vers la porte du café.)

LE MARQUIS, hésitant.

Nous, entrer là-dedans, avec ces soudards ! S'ils
allaient nous faire un mauvais parti ?

LE COMPÈRE.

N'ayez pas peur, marquis...

MÊME AIR :

Vous serez tous deux bien reçus
Parmi ces gens de guerre,
Bien qu'ils n'aient pas autant d'écus
Qui ne vous coûtent guère
Sais-tu
Qui ne vous coûtent guère.

Le Marquis et Hélène entrent dans le café.

SCÈNE VIII

LE COMPÈRE, MADEMOISELLE LENORMAND.

Le Compère, seul.

A la rigueur, leur idylle suffirait presque à peindre une époque, surtout quand on est talonné par l'heure. (Regardant sa montre.) Dix heures trois quarts. (Mlle Lenormand entre.) Une vieille femme... que le diable m'emporte !

Mlle LENORMAND.

Air de « La Bonne aventure ».

Des caprices du destin
Je détiens l'augure
Et de mon esprit devin
La méthode est sûre.
A qui vient me consulter
Je me plais à raconter
La bonne aventure
O gué !

Le Compère.

Ah ! ah ! une magicienne...

Mlle LENORMAND.

Non, monsieur, une voyante.

Le Compère.

(A part.) La Couesdon de l'époque. (Haut.) Seriez-vous aussi habitée par un ange ?

Mlle Lenormand.

Non, monsieur, je ne suis habitée par personne.
Vous pouvez me fouiller.

Le Compère.

Je n'aurai pas l'indiscrétion.

Mlle Lenormand.

Parce que je suis trop vieille. Sans ça, vous
m'auriez déjà pris... le menton.

Le Compère.

Comment pouvez-vous savoir?

Mlle Lenormand.

En lisant dans votre pensée. Autrement, je ne
serais pas moi...

Le Compère.

Qui, vous?

Mlle Lenormand.

Mademoiselle Lenormand.

Le Compère.

La célèbre mademoiselle Lenormand... Celle qui
tient à prix d'or un bureau de consultations et qui
traite au besoin par correspondance?

Mlle Lenormand.

Elle-même... Ça vous la coupe, ça, mon garçon.

Air de « Ma Gigolette ».

Jamais nul cabinet d'affaires
  Ne fut mieux hanté.
On y vient des deux hémisphères
  Hiver comme été.

8

> Mais plus le métier que j'exerce
> Est réputé,
> Plus il me faut dans mon commerce
> Beaucoup de doigté...
> La vérité, que, toute nue,
> On représente avec raison,
> Est l'enseigne de ma maison
> Où, pour le prix de l'entrevue,
> J'exhibe ma seconde vue.

LE COMPÈRE.

Je connais vos performances. C'est vous qui avez prédit à Marat qu'il lui en cuirait de prendre des bains à domicile ; à mademoiselle Georges, de la Comédie-Française, qu'elle serait la maîtresse de deux Empereurs...

Mlle LENORMAND.

Et à Joséphine qu'elle serait *plaquée* pour Marie-Louise.

LE COMPÈRE.

Ça, c'est votre côté historique. Mais dans la vie privée de vos clients, on a dû quelquefois vous poser des questions ?...

Mlle LENORMAND.

A se rouler, et si je n'étais pas liée par le secret professionnel...

LE COMPÈRE.

Mais secouez-le donc, vous en mourez d'envie !

Mlle LENORMAND.

Comment pouvez-vous le savoir ?

LE COMPÈRE.

Je le lis dans votre pensée.

Mlle LENORMAND.

Vous aussi ?

LE COMPÈRE.

Moi aussi. Ça se gagne. Allez-y de votre ra-
contar...

Mlle LENORMAND.

AIR DE « Joséphine ».

I

Mademoiselle Lenormand
N'a pas besoin de boniment
Puisqu'elle voit de tous côtés
Ses oracles incontestés.
Tel vient d'abord tout enflammé
Pour apprendre s'il est aimé
Et si l'heure doit s'approcher
Où sa belle enfin... va *marcher*.
Mon rôle m'oblige à prédire
Le bien, le mal également.
Tant mieux, quand c'est ce qu'on désire
Qu'on désire, mais, souvent,
Mon rôle m'oblige à prédire
   Le pire !

II

Tel autre arrive et fait pitié
Car il doute de sa moitié
Et longtemps tourne autour du pot
Avant de réclamer son lot.

A la fin, il faut bien l'aider
Et, doucement, lui demander
S'il désire être convaincu
Qu'il est on ne peut plus... déçu.
Mon rôle m'oblige à prédire
Le bien, le mal également.
Tant mieux, quand c'est ce qu'on désire
Qu'on désire, mais, souvent,
Mon rôle m'oblige à prédire
Le pire !

III

Mais, parmi les plus délicats,
Parfois se présente le cas
D'une dame ayant grand souci
D'un point fortement obscurci.
A la veille d'émettre un fruit
Sans trop savoir qui l'a produit.
Je lui révèle incontinent
Quel est le père de l'enfant.
Mon rôle m'oblige à prédire
Le bien, le mal également
Tant mieux, quand c'est ce qu'on désire
Qu'on désire, mais, souvent,
Mon rôle m'oblige à prédire
Le pire !

Le Compère.

On m'avait bien dit que vous étiez de première force. Et peut-on savoir quels sont vos moyens de divination ?...

Mlle Lenormand.

J'en ai trois : premièrement, les cartes.

LE COMPÈRE.

Les cartes, c'est bien vieux jeu.

Mlle LENORMAND, ouvrant sa tabatière.

Secondement, le marc de café. Je l'emploie par le nez. En usez-vous ?

LE COMPÈRE.

Merci, c'est un moyen que je ne *prise* pas.

Mlle LENORMAND.

Troisièmement, les lignes de la main. Je lis là-dedans comme les astronomes dans la lune.

LE COMPÈRE.

A la bonne heure, voici la mienne.

Mlle LENORMAND.

Votre lune ?

LE COMPÈRE.

Mais non, ma main... Seulement dépêchons-nous.

Mlle LENORMAND.

Mazette... quelle ligne de vie ! Vous en avez pour cent ans, pas une heure de plus, pas une de moins.

LE COMPÈRE.

C'est épatant... mais parlons du présent.

Mlle LENORMAND.

Alors changeons de main.

LE COMPÈRE.

Comme au manège, soit... Qu'est-ce que je suis venu faire ici ce soir, sous la Restauration ?

Mlle Lenormand

Jouer le rôle de Compère dans une Revue Rétrospective.

Le Compère.

Bon. Mais qu'est-ce qui m'y a décidé ?

Mlle Lenormand.

La satisfaction d'opérer devant un public d'élite.

Le Compère.

C'est vrai. Maintenant lisez dans ma main ce
qu'il y a dans ma pensée en ce moment.

Mlle Lenormand.

Vous trouvez que ma scène a assez duré et vous
voudriez que je m'en allasse...

Le Compère.

On n'est pas plus lucide.

Mlle Lenormand.

Mais je ne m'en irai pas sans avoir encore un peu
lu dans l'avenir.

Le Compère.

Eh bien ! qu'est-ce que vous y lisez, dans l'a-
venir ?

Mlle Lenormand.

Air « de la Bonne aventure ».

J'y lis d'un Cercle épatant
La vogue future
Grâce à ses arts d'agrément
Musique et peinture.

Et je peux dès à présent
Prédire à son président
La bonne aventure,
Vogüé
La bonne aventure !

Elle sort.

Le Compère, seul.

Onze heures moins cinq et nous sommes encore sous la Restauration. Il me semble qu'il y a déjà bien longtemps que la France n'a changé la forme de son Gouvernement.

Bruits et murmures dans la coulisse, suivis d'une
décharge de mousqueterie.

Ah ! ah ! voici heureusement une bonne petite émeute qui va précipiter les événements. Écoutons !

Chœur (dans la coulisse).

« En avant, marchons.
» Contre leurs canons
» A travers le fer, le feu des bataillons
» Courons à la victoire. »

La Parisienne ! Nous sommes en pleine Révolution de 1830. En n'en prenant pas le côté tragique, ça ne pourra blesser personne.

Air « des Carabiniers ».

J'entends un bruit de bottes (*ter*) de bottes (*ter*)
C'est le pas des barricadiers.

SCÈNE DERNIÈRE

LE COMPÈRE, ÉMEUTIERS, GARDES NATIONAUX ET BISETS, devant lesquels marche un Capitaine.

LE CAPITAINE.

Air « Les Carabiniers » (d'Offenbach).

Nous sommes les barricadiers,
De la Fronde, les héritiers,
Mais par un très prudent hasard
Au secours des vrais émeutiers
Nous arrivons toujours trop tard.

Les émeutiers, armés d'armes surannées, se forment en bataille derrière le capitaine au commandement : halte front !

LE CAPITAINE.

Vive la garde nationale !

LES ÉMEUTIERS.

Vive le capitaine !

LE CAPITAINE.

Merci, mes amis. Ce sabre est le plus beau jour de ma vie. Il m'a été donné pour défendre les institutions de mon pays, et au besoin pour les combattre. Allons-y.

TOUS.

Oui, oui, allons-y !

UN ÉMEUTIER, s'avançant.

De quel côté, capitaine ?

Décharge de mousqueterie à gauche de la scène.

Le Capitaine.

Du côté où on ne se bat pas encore, afin de mieux
nous conserver à nos familles.

Tous.

AIR CONNU.

La victoire est à nous (*bis*)
Mais n'allons pas nous exposer,
Nous pourrions nous faire blesser.

Nouvelle décharge de mousqueterie. Les gardes nationaux et les
émeutiers s'enfuient en désordre au pas gymnastique.

RIDEAU.

ACTE III

L'atelier d'Horace Vernet, d'après le dit tableau. Latéralement et en angles sont accrochées aux murs, les ébauches de quelques-uns des tableaux du maître. A gauche : Le chien du régiment, La mort de Poniatowski, Le soldat laboureur ; à droite, Le cheval du trompette, Le combat de Montmirail, Le grenadier de la garde.

SCÈNE PREMIÈRE

LE COMPÈRE, LA COMMÈRE, entrant après le lever du rideau.

LA COMMÈRE.

Eh bien, Faust, es-tu toujours content de Méphista ? Continue-t-elle à tenir sa parole ?

LE COMPÈRE.

Oui, mais au prix de quelles enjambées par-dessus mon histoire !

LA COMMÈRE.

C'est pour éviter les longueurs... (Au public.)

Mesdames et Messieurs, ne vous étonnez pas
Si nous sommes forcés de marcher à grands pas
Puisqu'à minuit sonnant s'achèvera le pacte...

LE COMPÈRE, l'interrompant.

Je l'ai déjà dit...

LA COMMÈRE.

On ne saurait trop le rappeler :

Quinze ans se sont encor passés depuis l'entracte
Et nous voguons en plein dans le règne suivant
Vers mil huit cent quarante... et même plus avant.
Tout va bien. Nous pouvons crier : Vive l'armée
Dont les combats d'Afrique ont fait la renommée !
Et dans la politique on trouve des appas
A ce que le roi règne et ne gouverne pas.

LE COMPÈRE.

Cette maxime n'est pas neuve, mais elle a pour
symbole ce parapluie, celui du roi Louis Philippe,
que j'ai emprunté au musée des Souverains...

AIR DE « La fille à ma tante. »

I

Cette arme inoffensive,
D'usage plébéien,
Peint la prérogative
De ce roi-citoyen.
L'arme des Bonaparte
Était le glaive en main...
Pour défendre la charte,
Lui n'avait qu'un *pépin !*

LA COMMÈRE, prenant le parapluie et l'ouvrant.

A moi...

II

Fidèle à son principe,
Sous ces plis s'abrita
Le roi Louis-Philippe,
Des orages d'État.
Dans chaque controverse
Entre Thiers et Guizot,
Pour éviter l'averse
Il l'ouvrait aussitôt !

LE COMPÈRE, le reprenant et le repliant.

Par exemple, il est un peu fatigué.

LA COMMÈRE.

Ce n'est pas étonnant, il a tant servi.

LE COMPÈRE.

Ah ! ça, mais pardon. Où sommes-nous ici, et qu'y venons-nous faire ?

LA COMMÈRE.

Où nous sommes ? Dans l'atelier d'Horace Vernet. Ce que nous y venons faire ? Assister à l'inauguration de son plus récent tableau ; inauguration précédée d'un five o'clock offert par l'auteur à quelques grandes célébrités de l'époque.

LE COMPÈRE.

D'anciennes connaissances !..

LA COMMÈRE.

Le dessus du panier. Seulement, l'amphytrion, ayant été obligé de partir subitement ce matin pour la Russie, mandé par le czar Nicolas Ier, c'est moi qu'il a chargée de faire en son absence les honneurs de chez lui.

LE COMPÈRE, *gracieusement.*

Il ne pouvait pas faire un meilleur choix.

LA COMMÈRE.

Merci . . . En attendant, pendant que nous sommes encore seuls, rien ne nous empêche de passer d'abord la revue de l'atelier.

LE COMPÈRE.

Avec plaisir... D'autant plus que j'aperçois là quelques esquisses qui sont loin de m'être inconnues.

LA COMMÈRE.

Je te crois !

AIR DE : « La Corde sensible ».

Sur ces panneaux, épars de droite à gauche,
On voit encore les essais projetés
D'où sont sortis d'une première ébauche
Tant de tableaux justement réputés.
En parcourant des yeux cet inventaire,
Comment nier au maître incontesté
Ce sentiment inné du militaire
Qui n'a d'égal que sa fécondité ?

LE COMPÈRE.

Là, des soldats au bivac sous des hêtres,
Tandis qu'assis devant eux gravement
Avec amour, au repos de ses maîtres
Semble veiller le chien du régiment...

La Commère.

Là, pour pendant, le cheval du trompette,
Considérant son cavalier blessé
Et par instinct, en allongeant la tête,
Lèche la plaie où la balle a passé!

Le Compère.

Ici, surnage un lancier légendaire,
Bayard issu de la Pologne et qui
A motivé ce sujet populaire
Intitulé : Mort de Poniatowski...

La Commère.

Là, sous le ciel d'une teinte blafarde
De qui leurs feux doublent l'épouvantail,
Lefèvre, avec ses chasseurs de la garde,
Couvrent de morts le champ de Montmirail.

Le Compère.

Puis quand la guerre, un instant disparue,
Jusqu'aux Cent-Jours éloigna l'Empereur,
Voilà, guidant le soc de la charrue,
Triste et pensif le soldat laboureur...

La Commère.

Enfin, voici le grenadier farouche
Dont Waterloo consacra le renom :
Il a tiré sa dernière cartouche
Et charge encore baïonnette au canon!...
Mais en prônant de bataille en bataille
Le grand talent d'un maitre incontesté,
N'oublions pas son successeur... *de taille*
A l'égaler dans la postérité.

SCÈNE II

LE COMPÈRE, LA COMMÈRE, UN GROOM
au service d'Horace Vernet, moitié page de cercle, moitié enfant de troupe.

Le Groom, des programmes cartonnés à la main.

Monsieur et Madame désirent-ils un programme des différents numéros du five o' clock ?... En voici.

Le Compère.

Five o' clock *tea* ?

Le Groom.

Non, monsieur, five o' clock *sec*. Le thé est remplacé par des auditions d'artistes les plus en vogue.

La Commère.

Oui. C'est une mode récente inventée par le rédacteur en chef d'un grand journal du matin.

Le Compère.

Qui ça ?

La Commère.

Le docteur Véron, du *Constitutionnel*. (Au groom.) Toi, à mesure que les invités arriveront, tu auras soin de les annoncer.

Le Compère.

Distinctement, n'est-ce pas ? afin de bien aider à ma mémoire.

LE GROOM.

Soyez tranquille, monsieur, ça me connaît, Papa
est *aboyeur* au protocole...

Il sort.

SCÈNE III

LE COMPÈRE, LA COMMÈRE.

LE COMPÈRE.

Très varié le programme. N° 1, monsieur Tamburini, Tamburini le fameux baryton du théâtre
italien?...

LA COMMÈRE.

Dont le nom résonne comme sur une peau d'âne.
Lui-même. N° 2, mademoiselle Rachel.

LE COMPÈRE.

La grande Rachel?

LA COMMÈRE.

La seule, car elle n'a jamais été égalée.

LE COMPÈRE.

Même par...

LA COMMÈRE.

Pas même ! Excepté depuis sa récente création
d'*Hamlet*.

LE COMPÈRE.

C'est aussi mon avis.

LA COMMÈRE, reprenant.

N° 2, mademoiselle Rachel, dans une scène de *Cléopâtre.* N° 3, mademoiselle Déjazet...

LE COMPÈRE.

Virginie !

LA COMMÈRE.

Tu l'as donc connue ?

LE COMPÈRE

Dans tous les coins... C'est avec elle que j'ai fait mes premières armes, à l'âge de Richelieu.

LA COMMÈRE.

Tu n'as pas dû t'embêter...

LE COMPÈRE.

Elle non plus.

LA COMMÈRE, reprenant.

N° 3, mademoiselle Déjazet, *Lola Montès et le roi Louis de Bavière,* chanson inédite. N° 4, *la Cachucha,* danse espagnole par mademoiselle Fanny Essler, et sa sœur, de l'Opéra.

LE COMPÈRE.

Ça se trouve bien, j'adore les Andalouses...

LA COMMÈRE.

Ce sont des Viennoises.

LE COMPÈRE.

Tant pis !

LA COMMÈRE.

Mais elle jouent des castagnettes.

Le Compère.

Oh ! alors, ça me suffit.

Le Groom, à la porte.

Madame, voici les invités qui commencent à arriver.

La Commère.

Fais-les entrer.

Musique en sourdine à l'orchestre, pendant tous les dialogues
suivants, jusqu'à la fin de l'arrivée des invités.

SCÈNE IV

LE COMPÈRE, LA COMMÈRE, puis successivement
tous les personnages ci-après énoncés.

Le Groom, annonçant.

Monsieur Alphonse Karr !

Le Compère.

L'auteur des *Guêpes*.

La Commère.

Et le jardinier de Saint-Raphaël...

M. A. Karr s'avance entre le Compère et la Commère
et leur offre à chacun une rose.

La Commère, prenant la rose.

Une rose de votre parterre !

A. Karr fait signe que oui.

Le Compère, de même.

Qui s'y frotte, s'y pique. L'épine, c'est l'aiguillon de la rose ?

A. Karr fait signe que non.

LE COMPÈRE.

Ah ! ça, il est donc muet ?

LA COMMÈRE.

Naturellement, un revenant... Asseyez-vous, monsieur Alphonse Karr !

LE GROOM, annonçant.

Le vicomte de Launay...

LE COMPÈRE.

De la Comédie-Française ?

Une 1re dame entre.

LA COMMÈRE.

Mais non, pas lui... un pseudonyme... Le vicomte de Launay... madame de Girardin... Delphine Gay...

LE COMPÈRE, allant à elle.

Ah ! bon. Quelle joie de vous revoir, chère madame, et une *joie qui ne fait pas peur*, quoi que vous en disiez...

LA COMMÈRE.

Salut à l'auteur de *Cléopâtre* dont mademoiselle Rachel nous dira tout à l'heure un passage... Veuillez donc prendre place en attendant, auprès de monsieur Alphonse Karr, votre confrère en lettres parisiennes.

LE GROOM, annonçant.

Monsieur Alfred de Musset ! Madame Georges Sand !

LE COMPÈRE.

Lui et Elle...

La Commère

Elle et Lui…

Mme Sand entre et va au Compère tandis qu'A. de Musset
va à la Commère.

Le Compère.

Je suis heureux, madame, de rendre ici hommage à votre grand talent d'écrivain.

La Commère, à A. de Musset.

Et moi, à votre génie, poète chéri des dames.

Le Compère, à Mme Sand.

Quelle langue admirable que la vôtre, quand vous la mettez dans la bouche de vos paysans du Berry… Je parle au figuré… pour les champis, quand ils veulent monter le bourrichon aux berrichonnes…

La Commère, à A. de Musset.

Et vous, quelle allure de gentilhomme dans ces vers où vous vous peignez si bien vous-même :

> « Or, si d'aventure, on s'enquête
> » Qui m'a valu telle conquête,
> » C'est l'allure de mon cheval,
> » Un compliment sur sa mantille
> » Puis des bonbons à la vanille
> » Par un beau soir de carnaval! »

Prenez donc un siège, ô mon poète !

Le Compère.

Asseyez-vous donc, madame Sand, je vous en prie.

La musique cesse.

Au groom. Il ne monte plus personne ?…

LE GROOM.

Non, monsieur, la société est peu nombreuse,
mais ultra-select.

LA COMMÈRE.

En ce cas, que la fête commence.

SCÈNE V

LES MÊMES, MONSIEUR TAMBURINI.

LE GROOM, annonçant.

Monsieur Tamburini.

Roulement de tambour à l'orchestre.
M. Tamburini entre.

LE COMPÈRE.

Le roulement était indiqué.

M. Tamburini, un rouleau à la main après avoir salué l'assis-
tance chante en italien la romance de don Pasquale. — Le
morceau chanté est suivi d'applaudissements de la part des
invités. M. Tamburini va s'asseoir parmi eux.

SCÈNE VI

LES MÊMES, MADEMOISELLE RACHEL.

LE GROOM, annonçant.

Mademoiselle Rachel...

LA COMMÈRE.

Salut à Cléopâtre !

Tous les invités se lèvent et l'orchestre bat aux champs
pour l'entrée de Mlle Rachel.

Mlle Rachel., au public.

Scène de la mort d'Antoine...

Les invités se rasseoient.

« Quoi, ses yeux sont fermés... sont fermés pour jamais!
» Jamais! O mon Antoine! Oh! comme je l'aimais!
» Et toi qui me l'a pris, sois fière dans ta joie
» O mort! tu n'eus jamais une plus belle proie !
» Jamais guerrier plus grand, plus illustre, plus beau,
» Ne para de son nom les marbres d'un tombeau.
» Puissant dans le Sénat, dans l'armée et dans Rome
» Dans Rome où tout est grand, il sut être grand homme,
» Les peuples attendris se levaient à sa voix,
» Il marchait entouré d'un cortège de rois
» Car l'univers entier vivait de sa pensée.
» Eh bien! cette grandeur que nul n'a dépassée,
» Cet éclat, ce pouvoir n'étaient rien à ses yeux.
» Il cherchait dans la vie un bien plus précieux
» Et voilà ce qui rend si belle son histoire :
» Dès qu'il comprit l'amour, il méprisa la gloire.
» Vainqueur, il se laissa noblement désarmer
» Fier que l'on dit un jour : Antoine sut aimer !
» Et s'il voulut, régnant sur la terre et sur l'onde,
» Posséder et tenir entre ses mains le monde,
» César, ce n'était pas pour l'asservir un jour
» Non, c'était pour en faire une offrande à l'amour ! »

Tous les Invités.

Bravo! Bravo! Vive Rachel...

Le Compère.

Et gloire à Delphine Gay auteur de *Cléopâtre*.

Il offre son bras à Mlle Rachel et la fait asseoir près
de Mme de Girardin.

La Commère.

Nous passons tout de suite au numéro suivant...

SCÈNE VII

LES MÊMES, MADEMOISELLE DÉJAZET.

Le Groom, *annonçant.*

Mademoiselle Déjazet.

*Les invités applaudissent de leur place à l'entrée de M*lle *Déjazet.*

M*lle* Déjazet.

Lola Montès et le roi Louis de Bavière, chanson *rosse.*

Air de « La Jupe amarante et du Pantalon de drap gris »,
de M. G. Berr.

I

Y avait un jour une écuyère,
Y avait un prince bavarois :
C'était la pire aventurière,
Et lui le plus dévot des rois.
— N'importe, dit la bayadère,
Il faut qu'il *marche* avant un mois...
Y avait un jour une écuyère
Y avait un prince bavarois.

II

Sur un hack vif comme la poudre
Le prince l'aperçut au Bois
Et ressentit ce coup de foudre
Dont ne sont pas exempts les rois.
Au seul aspect de l'étrangère
L'amour en lui reprit ses droits...
Y avait un jour une écuyère
Y avait un prince bavarois.

III

D'un coup, le roi la fit comtesse
Et l'installa sur le pavois ;
Elle eut des lettres de noblesse,
Cravache en main, dicta ses lois.
Du premier ordre de Bavière
Elle obtint même la grand'croix...
Y avait un jour une écuyère
Y avait un prince bavarois.

IV

Deux ans, l'on vit, au pied du trône,
Des courtisans très prosternés
Cravachés par une amazone
Qui leur faisait des pieds-de-nez.
C'est pas très chic pour la Bavière,
Ni même pour d'autres endroits...
Y avait un jour une écuyère
Y avait un prince bavarois.

V

Or, il paraît que la cravache
Avait un don miraculeux
Pour faire dresser la moustache
De ce monarque déjà vieux :
— Et allez donc, *c'est pas mon père*,
Disait Lola, d'un air narquois...
Y avait un jour une écuyère
Y avait un prince bavarois.

VI

Mais enfin de cette bravache
La nation se fatigua
Et sous l'abus de la cravache
Le roi bientôt devint gaga.

On la chassa de la Bavière,
Il dut abdiquer tous ses droits...
Y avait un jour une écuyère
Y avait un prince bavarois.

MORALITÉ.

Quand nous serons en République,
On n'aura chez nos descendants,
En place d'un roi magnifique,
Que de modestes présidents.
Mais s'il leur faut des *Lavallière*
Ou toutes autres, à leur choix,
Qu'ils craignent, par une écuyère,
Le sort du prince bavarois.

Applaudissements des figurants, le Compère offre son
bras à Mlle Déjazet et la fait asseoir.

LA COMMÈRE.

Nous passons au dernier numéro : « La Cachucha »
dansée par mademoiselle Fanny Essler et sa sœur,
de l'Académie royale de musique. En avant les
castagnettes !

SCÈNE VIII

LES MÊMES, FANNY, *puis* THÉRÈSE ESSLER.

L'orchestre prélude et Mlle Fanny Essler entre en scène.

LE GROOM, annonçant.

Mademoiselle Fanny Essler et sa sœur.

LA COMMÈRE.

Fanny Essler. Tu la reconnais ?

LE COMPÈRE.

Je la trouve même *très embellie.*

Boléro, Seguidille et Cachucha, par les deux sœurs Essler.

On jette des fleurs aux artistes à la fin du pas.

La danse terminée, deux forts coups d'horloge se font entendre.

LE COMPÈRE.

Onze heures et demie ! Plus qu'une demi-heure.

LA COMMÈRE.

Raison de plus pour ne plus retarder l'inauguration du tableau... Parti en avant de sa colonne, à la tête de 550 cavaliers, le duc d'Aumale exécute une marche de nuit (nuit au théâtre) que voici... et arrive à Taguine au lever du jour (jour au théâtre) que voilà !

L'orchestre joue ici la ritournelle de l'air suivant et la toile se déroule de gauche à droite, de façon que l'extrémité de la toile où se trouve à cheval le duc d'Aumale paraisse en dernier. Quand cette partie arrive devant le public, le mouvement d'extension s'arrête de façon à ce que le personnage principal reste immobile en vue pendant les deux couplets suivants.

LA COMMÈRE.

AIR DE « La Chanson du Colonel » (*Femme à Papa*).

I

Après des marches haletantes,
L'avant-garde, le sabre au clair,
Soudain découvre au loin les tentes
De la Smalah d'Abdel Kader.

Loin des renforts dont on dispose
Convient-il d'attaquer céans ?
Et quand d'attendre on lui propose :
— Jamais, dit Henri d'Orléans !

Sans hésiter un seul instant
A fondre sur le campement,
Le prince s'écrie : « En avant ! »
Et la victoire a secondé
L'élan superbe commandé
Par l'héritier (*bis*) du grand Condé !

II

Souvent en France on s'évertue
A réunir des comités
Pour ériger mainte statue
A trop de médiocrités !
Mais combien semble nécessaire
L'œuvre qu'un grand praticien
Doit à ce prince militaire
Et même académicien !

Cette statue assurément
Doit être faite équestrement
Et, devançant son monument,
Dans l'avenir je lis déjà
Que Gérôme l'entreprendra
L'entreprendra, l'achèvera
Et la voilà !

Le décor change à vue et représente les grandes écuries de Chantilly devant lesquelles se dresse la statue équestre du duc d'Aumale, par Gérôme. Au fond la pelouse, la lisière de la forêt, et à droite le pavillon des courses. L'apparition de la statue est accompagnée de la sonnerie et de la batterie « au drapeau ».

La Commère.

Air : « Soldat français né d'obscurs laboureurs ».

Grâce au travail d'un artiste éminent,
Cette œuvre saine et de large envergure
Nous montre, au sein d'un cadre rayonnant,
Le duc d'Aumale et sa noble figure.
Nul général plus fier de son mandat
Ne mérita plus juste renommée...
Et, comme écho de son cœur de soldat,
Devant ce bronze, et quand le tambour bat,
Crions donc tous : — « Vive l'armée ! »

Tous.

Vive l'armée !

Reprise de la sonnerie au drapeau. Minuit sonne après cette reprise et l'orchestre joue lentement en sourdine l'extinction des feux pendant que les douze coups s'achèvent au milieu des répliques suivantes.

La Commère.

Minuit. La Revue Rétrospective est terminée.

Le Compère.

Mais il n'y a jamais de revue sans défilé !

La Commère.

Soit, va pour le quart d'heure de grâce. Garde à vous, pour défiler : colonne en avant, marche !

Air de « La Marche d'Aïda ».

Tous les personnages de la revue s'avancent sur deux files ouvertes et saluent le public, comme dans la cérémonie du Malade imaginaire, le Compère et la Commère descendant les deux derniers.

MÉPHISTA, au public.

AIR DU « Rondeau de Méphisto » (*Petit Faust*).

. . . .
Pour fuir du présent les débats moroses,
Dans cette revue on s'est efforcé
De substituer, aux soucis, les roses,
Par un gai retour au temps du passé.
Mais en revenant à l'heure actuelle,
Saluons du moins, d'un cœur rajeuni,
L'illustration de gloire nouvelle
Qu'on doit à Marchand et Galliéni.
Fière d'honorer leur double entreprise,
Je rachète ainsi mes instincts pervers,
Et sans mériter que l'on m'exorcise
Je peux redescendre au sein des enfers (*bis*).
Adieu Méphista, diablesse nouvelle,
Moderne produit du dernier *bateau*
Et bien plus accorte et moins solennelle,
Que le réaliste et vieux Méphisto !

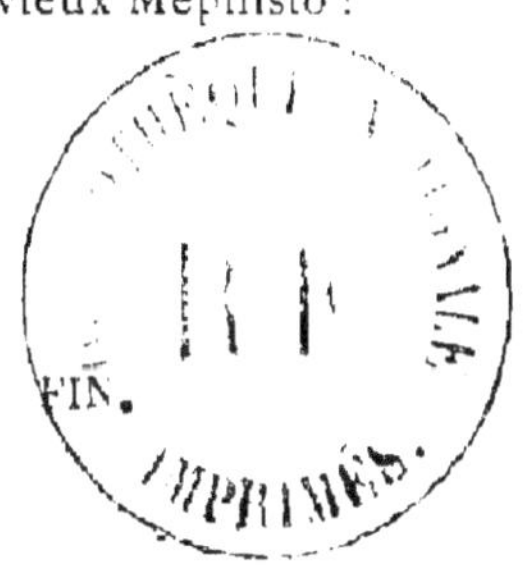

PARIS

IMPRIMERIE D. JOUAUST, L. CERF S^r

12, RUE SAINTE-ANNE, 12

—

M DCCC XCIX